힙합, 춤은 진화한다

힙합, 춤은 진화한다

초판 발행 2016년 9월 10일

지은이 이우재
발행인 권오현

펴낸곳 돋을새김
주소 서울시 종로구 이화동 27-2 부광빌딩 402호
전화 02-745-1854~5 **팩스** 02-745-1856
홈페이지 http://blog.naver.com/doduls
전자우편 doduls@naver.com
등록 1997.12.15. 제300-1997-140호

인쇄 금강인쇄(주)(031-943-0082)

ISBN 978-89-6167-225-2 (03680)
Copyright ⓒ 2016, 이우재

값 13,000원

힙합, 춤은 진화한다

이우재 지음

돋을새김

추천사

우선 대한민국 댄서로 함께 춤을 추는 멋진 동생이자 동료인 이우재의 책 출간을 진심으로 축하하며 힘찬 박수로 응원을 보냅니다. 이우재의 춤을 한번쯤 보셨거나 이야기를 나누어보셨다면 이 친구가 얼마나 춤에 대한 열정과 사랑이 있는지 그 에너지를 충분히 느끼셨을 것이라 생각합니다. 아직 못 만나 보신 분들은 이 책을 통해 그 에너지를 느껴보시길 바랍니다.

많은 공연 경험은 물론 춤으로 박사학위까지 받은 그는 이론과 실전의 두 분야에서 왕성한 활동을 펼치고 있습니다. 다양한 춤 장르를 다양한 시각에서 다양하게 해석한 그의 책을 독자 여러분께 추천합니다.

다시 한 번 동생 이우재의 출판과 행보에 뜨거운 사랑을 보냅니다.

_ **팝핀현준** (남현준, 공연예술가)

대한민국을 주름잡던 비보이인 이우재는 타 장르에 대한 도전과 실험을 통해 얻은 정보와 지식에 비보이의 지식과 경험을 결합하여 자신만의 다양한 콘텐츠를 개발하고 있으며, 그 결실인 이 책을 통해 노하우를 전하고 있다.

이 책을 통해 댄서로서의 삶의 과거와 현재 그리고 미래를 볼 수 있으며, 댄서 라이프에 대한 새로운 선택과 방향을 찾을 수 있을 것이라 생각한다. 이 책이 다음 세대들에게 희망의 메시지가 되길 바란다.

_ **b-boy Virus** (황대균, T·I·P크루 리더)

4

고등학교 시절부터 2000년대 초반 고릴라 크루까지 함께 활동했던 우재는 상상력이 풍부한 댄서이며, 그런 독특한 그의 장점이 이 책에 충분히 재미있게 녹아 있다.
춤을 좋아하고 관심 있는 이들은 한번쯤 읽어야할 좋은 책이다.

_ **b-boy Snake** (하휘동, 댄싱9 시즌1 MVP, Visual Shock 크루 리더)

우리나라 사람들 대부분이 갖고 있는 춤에 대한 인식은 아직까지는 거의 비보이일 것이다. 물론 대중매체에 노출된 몇몇 댄서들로 인해 타 장르들 역시 조금씩 인식되고 있는 추세이다. 하지만 현재로서는 춤에 대한 인식의 정도가 너무 미미한 것 또한 사실이다.
이 책이 출간되는 그 사실 하나만으로도 문화를 즐기려는 그 누군가에게는 더 깊이 있게 춤을 맞이할 수 있는 계기가 될 것이라 본다.
여러 측면에서 춤의 노출은 댄서인 나 제이블랙으로선 더할 나위 없이 반가울 수밖에 없다.
이 책은 그동안 광대들의 놀음으로밖에 인식되지 못했던 '춤' 이라는 위대한 문화를 당신의 가슴 속에 감동을 전해줄 수 있는 가치 있는 문화로 다시 한 번 자리 잡을 수 있게 해줄 것이다.
나 제이블랙은 기원한다.
춤이라는 예술이 한낱 놀이와 볼거리만으로 그치지 않고 누군가에게는 인생을 말해줄 수 있는 스승 같은 존재가 되기를…

_ **제이블랙** (조진수, 제이핑크, 안무가, 핑키칙스 리더)

힙합댄스에 관한 서적이 워낙 적은 우리나라이기에 저자의 신간 출간은 매우 반가운 소식이다. 이 책에는 저자가 20여년 동안 추어 온 '춤'에 대한 생각과 고뇌가 고스란히 담겨 있다. 책의 내용 중 미국에서 시작된 힙합댄스가 '한국적인 힙합춤'으로 수용되는 과정에 대한 설명과 한국문화와 힙합문화의 유사성에 대한 저자의 생각이 매우 흥미롭다. 비보이이며 동시에 현대무용가, 교육자로서 활동하는 저자가 객관적인 시선으로 바라본 힙합문화를 생생한 목소리로 전달한다. 실용무용을 전공하는 학생들뿐 아니라, 오랜 시간 춤을 춰 온 댄서들에게도 이 책을 권한다.

_ **신일호** (고릴라 크루 대표, 스트릿 컬쳐 매거진 〈Street Tribe〉 대표)

안녕하세요. 저는 Just Jerk crew에서 리더를 맡고 있는 성영재(Young J)입니다. 세계 여러 나라에서 공연과 워크샵을 하면서 각 나라의 힙합문화를 체험했습니다. 현장에서 느낀 점은 한국의 힙합문화가 결코 뒤처지지 않았다는 것 그리고 생각보다 상당히 발전해 있다는 것이었습니다. 춤을 추는 삶과 경험을 좀 더 친밀하게 접할 수 있고, 힙합문화와 한국전통문화의 유사성이라는 새로운 사실을 알려주는 상세한 내용이 담긴 책이 출판되어 이렇게 추천해 드리고자 메시지를 남기게 되었습니다! 관심있는 많은 분들과 특히 댄서분들께서 읽으신다면 우리나라의 춤 문화를 이해하고 조금이라도 더 가깝게 다가설 수 있을 것 같네요! 좋은 인식 속에서 춤 문화가 발전하기를 기원합니다!

_ **Young J** (성영재, 얼반댄스 Just Jerk crew 리더)

춤이라는 카테고리 안에서 다양한 활동을 펼치고 있는 이우재를 어느 한 가지 단어로 형용하기는 힘들다. 스트릿 댄서로 시작해 무용학박사 그리고 교육자로써 한국현대무용진흥회 이사까지 오랜 시간 동안 '춤'이라는 주제를 가지고 연구해온 그의 목소리가 담긴 이 책의 출간은 상당히 고무적이다. 앞으로의 그의 행보가 더욱 기대된다.

_ **김설진** (현대무용수, 댄싱9 시즌2 MVP)

서문

───

유난히도 긴 폭염 끝에 장대비가 내리더니 언제 그랬냐는 듯이 선선한 가을 날씨로 바뀌었다. 지루하고 무료한 폭염으로 이어지던 날씨가 비가 온 후로 확 바뀌었던 것이다. 이처럼 한순간에 바뀌어버린 날씨처럼 내 인생에서도 세 번의 큰 전환점이 있었다.

첫 번째 전환점은 '춤'이었다. 정확한 나이는 기억나지 않지만 초등학교를 다니고 있을 때였다. 커다란 변화 없이 쳇바퀴 돌아가듯 단조롭게 이어지던 나의 생활에 탄력적이고 변덕스러운 매력을 갖춘 춤이 불쑥 나타났던 것이다. 춤을 만난 이후로 나의 삶은 변했다. 뜨거운 가슴을 갖게 되었고 춤과 친해지기 위해 매일매일 불같은 열정을 쏟아 부었다. 삶은 목적의식을 갖게 되었고 설렘과 기대 그리고 흥분으로 파란만장해지기 시작했던 것이다.

두 번째 전환점은 '책읽기'였다. 뜻깊고 남다른 그리고 내가 원하는 삶을 살고 싶어 책을 읽기 시작했다. 처음에는 부자 되는 법, 성공하는 법을 피력한 책들을 읽었다. 책속에 인용되어 있던 위인들의 명언을 자주 접하다 보니 자연스레 위인들의 저서를 찾아 탐독하게 되면서 폭넓은 독서를 하게 되었다. 차츰 위인들의 생각과 삶을 이해하고 철학, 예술, 문학, 미학, 역사 등에 대해서도 알게 되었다. 책 읽기를 통해 다양한 사유체계와 삶의 방식을 이해하기 시작했으며 정신적으로도 풍요로워졌다.

세 번째 전환점은 '글쓰기'였다. 계속 읽다 보니 쓰고 싶다는 생각이 들어, 평소 갖고 있던 생각들을 정리하기 위해 마구 쓰기 시작했다. 그래서 20대 후반에는 첫 책을 출판했다. 쓰기는 춤과 다른 매력이 있었고 삶의 또 다른 윤활유로 작용했다. 글쓰기는 춤을 추거나 작품을 창작할 때와는 다른 매력을 갖고 있으며, 내 사유체계와 삶의 방식을 다듬어주는, 조각가의 끌과 망치 같은 것이었다.

이 세 가지의 인생 전환점으로 인해 이 책을 출간하게 되었다고 할 수 있다. 첫 번째 전환점이 된 춤은 1장에서 에세이 형식으로 다루었다. 두세 번째의 전환점이 된 책읽기와 글쓰기는 2, 3장에서 학문적으로 접근하여 춤에 대한 나의 사유체계를 소개했다. 특히 2장에서는 힙합춤과 순수무용에 대한 고찰로 두 춤의 비교와 문제점을 지적하는 동시에 개선점을 제기했다. 3장에서는 미국 '힙합댄스(스트릿댄스)'가 한국에 수용된 경로를 고찰하여 한국적인 '힙합춤'으로 변형된 과정을 추적했다. 그리고 힙합문화와 한국전통문화의 유사성을 찾아내고 전통문화를 새롭게 재조명하여 전통문화의 현대적인 재구성을 통해 세계화로 나아갈 수 있는 가능성을 제시했다.

오랜만에 책을 낸다. 그동안 논문 작성과 작품 활동 그리고 춤 교육에 힘쓰면서 시간이 날 때마다 틈틈이 글을 써 춤과 삶에 대한 생각들을 정리했다. 이 글의 주인공은 당연히 '춤'이다. 사랑하는 사람을 매순간 머릿속에 떠올리듯 나는 늘 춤을 생각한다. 이러한 사랑을 바탕으로 프로단체에 입단하여 활동한 지 어느새 20년이란 시간이 지났다. 그런데도 춤은 아직도 내 것 같으면서도 내 것 같지 않다. 무척이나 변덕스러운 삶의 동반자다. 그래서 언제나 갈망하는 것 같다.

글쓰기는 문제의식에서 시작된다. 나는 흥분과 격정 그리고 문제의식 속에서 글쓰기의 묘미를 찾는다. 그래서 이 책에서도 춤에 대한 나의 문제의식이 솔직하게 드러나 있다. 그러나 감정에 치우친 비난이 아니라 사랑과 관심 속에서 우러나오는 의식적인 비판이다.

항상 글을 쓸 때마다 느끼는 것이지만 읽는 것은 매우 즐거운 일이다. 하지만 쓰는 것은 고통스럽다. 생각한다는 것은 즐거운 일이지만 그 생각을 구체화한다는 것은 너무 어려운 일이기 때문이다. 이런 고통은 글쓰기에서도 그렇지만 몸으로 써내려가는 춤에서도 느낀다. 춤으로 작품을 만드는 것도 생각을 구체화하는 것이기 때문에 글쓰기와 비슷하다. 춤과 작품 연습은 하루도 빠짐없이 매일 하는 것이기에 어느 정도 몸에 익숙하지만 글쓰기는 아직도 부족하고 어리숙하여 여간 고통스러운 일이 아닐 수 없다. 그러니 글쟁이가 글을 쓴 것이라기보다 춤쟁이가 몸으로 표현하지 못한 이야기들을 글로 썼다는 점을 감안하여 이 책을 읽는다면 부담 없이 즐길 수 있다고 제안하고 싶다.

끝으로 이 글들이 책으로 나올 수 있게 관심 갖고 도와주신 돋을새김 권오현 대표님께 진심으로 감사드린다. 그리고 내 글들이 책으로 출판될 수 있도록 길을 열어주신 시인 장경린 선생님께 마음속 깊이 감사드립니다. 그리고 바쁘신 와중에도 시간 내서 이 책의 추천사를 흔쾌히 보내주신 한국의 멋진 춤꾼들 팝핀현준, 하휘동, 황대균, 신일호, 김설진, 제이블랙, 성영재 모두에게 감사드립니다. 이분들에게 축복이 있기를…

내 영혼의 스승 함석헌 선생님, 신채호 선생님, 최승희, 장자, 한비자, 니체, 이사도라 덩컨, 니진스키에게 춤과 정신의 빚을 지고 있다. 그분들에게 영혼을 다해 감사드린다.

2016년 8월 **행복한 춤꾼 이우재 쓰다.**

도움을 주신 감사한 분들

항상 나를 사랑해 주시고 모든 문제점을 안아주시며 장점으로 길러주시는 부모님께 사랑한다는 말과 함께 언제나 진심으로 깊은 감사를 드린다. 덩치 좋고 든든한 동생 서재와 미모와 지성을 갖춘 그의 아내 은경, 귀엽고 사랑스런 조카 서은♡에게 사랑과 고마움을 전한다. 항상 고생 많은 한림예고 실용무용과 전임교사분들 - 거칠지만 정 많은 팝핀 차윤미 교사, 은근히 유머러스한 한국무용 이진아 교사, 근면 성실한 현대무용 구미나 교사, 톡톡 튀는 재치꾼 왁킹 박종걸 교사, 춤에 빠져 요즘 갈수록 예뻐지는 락킹 정다혜 교사에게 진심어린 감사를 전한다. 한림예고 이상준 기조실장님, 김지연 실장님, 박창범 교감선생님, 김지영 예술부장님, 학과장님들, 실용무용과 학부모님들께 진심으로 감사드립니다. 또한 한림예고의 교육발전을 위해 노력하시는 모든 교직원분들과 행정실 선생님들께도 감사드린다. 춤예술에 대해 깨달음을 주신 서울예대 박일규 교수님, 故김기인 교수님, 박숙자 교수님, 오은희 교수님께 진심으로 감사드립니다. 강렬한 에너지와 촌철살인으로 깨달음을 준 서울예대 유덕형 총장님께도 감사드립니다. 실용무용의 미래를 긍정적으로 예견하신 세종대 무용과 최청자 교수님, 언제나 묵묵히 지원해 주시는 세종대 무용과 김형남 교수님, 재치 있는 조언으로 도움주시는 한양대 무용과 이해준 교수님께 감사드립니다. 미소스타일의 한국음악으로 세상을 미소 짓게 하는 미소컴퍼니에게도 감사드린다. 한국현대무용진흥회 모든 이사님들과 현대무용계의 살아있는 전설 육완순 이사장님, 스마트한 연극연출가 이경배 형님, 동네 죽마고우이자 괴짜 연극인 조영현, 항상 맥주를 마시며 글 쓰는 선술집 별주가와 별난 주인장 조용상, 잘생기고 춤 잘 추는 한국 무용수 최정호, 춤꾼에서 연극인으로 전향한 최경훈, 현재 한국에서 잘 나가는 괴짜 안무가 김보람, 텀블링과 중국어를 잘하는 현대무용가 김동현, 네가티브모션 댄스학원을 운영 중인 엘리트 팝핀댄서 황태연, 비보이계의 최강 동안 비보이 제리(김근서) 형님과 원웨이 크루, 비보이 20세기 크루와 리더 비보이 너클(박진성), 아내가 출산으로 고생했다고 외제차를 선물한 부자 비보이 타이푼(최용원), 아들과 똑같이 생긴 아빠 비보이 다크호스(문병순), 고릴라 크루의 모든 댄서분들, 고릴라 크루 힙합 리더 힙합우랭(김우성)형, 얼마 전 결혼한 비보이문(김현문), 어셔를 좋아해서 덕셔인 힙합댄서 이덕인, 춤 잘 추는 힙합넙치 김재중, 한국 최고의 현대무용가 이광석 선생님, 사랑과 긍정으로 넘치는 뮤지컬 안무가 최인숙 선생님, 이스라엘 무용단 키부츠에서 활동 중이며 항상 존경스러운 현대무용수 김수정 선생님, 현대무용수지만 한국무용을 잘하는 가천대 교수 이영일 형님, 세종대 실용무용과 교수이자 한국 힙합 1호 박사 최종환 형님, 한국 전통무용수지만 힙합에 관심 많은 정용진 형님, 이 책을 출판하느라 고생하신 돈을새김의 모든 직원분들, 남사당놀이에 대해 장시간 인터뷰에 응해주신 민속학자 심우성 선생님, 땅재주 연구한다고 먼 길 달려와 도움주신 양근수 선생님, 전 땅재주꾼 신진철 선생님, 평론가이며 현대미학사 대표이신 김태원 선생님, 국학자이며 평론가지만 얼마 전 시집을 출판한 이만주 선생님, 한예종 무용이론 교수, 평론가, 미학자며 수십 권의 책을 출판했지만 언제나 학문을 안주 삼아 소주를 드시는 김채현 교수님, 배우 이정재와 손을 꼭잡은 사진을 카톡 메인으로 올리신 영화 및 무용평론가 장석용 선생님, 그리고 언젠가는 짝을 이루고 삶을 함께할 미래의 아내에게도 정성 어린 감사의 인사를 미리 드립니다. 항상 춤 발전에 기여하고 있는 모든 장르의 춤꾼들과 예술가들에게도 진심으로 감사드립니다. 그리고 감사 글에 어쩌다 이름을 담지 못한 분들 섭섭해 하지 않았으면 합니다. 글 쓰고 있는 지금 이름이 번뜩 생각나지 않아서 그렇지 잊고 있는 건 아니니 서운해 하시면 제가 서운합니다. 모든 분들께 감사드립니다. 감사드린 모든 분들께 축복이 있기를 진심으로 염원합니다.

항상 감사한 분들이 있기에 내가 존재하는 것 같습니다. 그래서 삶은 더욱더 가치 있고 행복한 것 같습니다. 모두들 감사합니다.

삶의 목적은 단 하나 '행복'입니다. 모두들 행복하세요!

I

춤추는 삶

차례

II 춤추는 생각

III 우리 춤 예술의 민족성을 찾아서

I

춤추는
삶

춤을 추게 된 동기

요즘 들어 춤을 추게 된 동기에 대해 진지하게 생각해보곤 한다. 사실 시작은 아주 단순했다. 10대 때는 나 자신을 드러내 놓고 자랑하고 인정받으며 관심까지 받고 싶었다. 그리고 나보다 공부 잘하고 싸움 잘하던 아이들에게 춤으로 복수하고 싶었다. 그들보다 못난 점도 있지만, 춤 잘 추는 특별한 재능이 있다는 것을 보여주고 싶었던 것이다. 사람들 앞에서 자랑하고 싶었던 것이지만, 내가 좋아하는 여학생이 나에게 반하기를 원했던 것도 있다.

기능적인 측면에서 보자면 춤은 꼭 전시(공연)를 위한 것만은 아니다. 여러 가지 기능들이 있겠지만, 그중에서도 큰 비중을 차지하는 것은 바로 '구애'라는 목적이다. 공부에는 소질이 없고 춤

19

만 추던 나는 춤으로 멋진 모습을 과시하고 싶어서 더욱더 춤에 매진하면서 구애라는 목적에 충실할 수 있었다.

10대를 지나 20대에 접어들면서 프로 춤꾼이라는 자부심도 생기고 자신감도 커졌다. 이 시기에도 여전히 춤을 추게 된 동기들이 작동했다는 점은 부인할 수 없다. 춤을 잘 춰서 사람들을 놀라게 하고 내 가치를 높이겠다는 것과 춤 배틀에서 이겨 나를 우러러보도록 만들겠다는 욕심으로 더욱더 연습에 몰두했다. 춤으로 나 자신을 우러러보게 해야겠다는 목표가 가장 컸다. 그리고 사회적 가치의 잣대로 나를 무시하던 사람들에게 본때를 보여주겠다던 복수심도 컸다.

나만 그랬던 건 아닌 것 같다. 솔직하게 말한다면, 대부분의 춤꾼들은 이러한 동기쯤은 갖고 있을 것이라고 생각한다. 춤꾼들뿐만 아니라 대부분의 예술가들도 이 정도의 욕망을 마음에 품고 있을 것이다. 우리에게 〈1984〉와 〈동물농장〉으로 알려진 영국의 소설가 조지 오웰도 〈나는 왜 쓰는가〉에서 이렇게 얘기하고 있다.

> "순전한 이기심. 남들보다 똑똑해 보이고 사람들의 입에 오르내리며 죽은 후에도 기억되고 어린 시절 자기를 무시했던 어른들에게 보복하고 싶은 욕망. 이게 작가가 된 동기, 그것도 강한 동기가 아니라고 말한다면 그건 거짓말이다."

조지 오웰의 고백은 대부분의 예술가들이 공감할 수 있을 것이다. 나도 그와 비슷한 동기들에 힘입어 열심히 노력했다. 이런 동기들을 보면 전반적으로 나 중심의 순전한 이기심에서 시작되었다고 할 수 있다. 예술은 당연히 이기적인 것이며 나로 출발해서 타인에게 다가서는 것이니, 이기심이 가장 중요한 요소라 해도 무난할 것이다. 나중에 타인을 위하든, 인류를 위하든 어쨌든 이기심에서 출발한 건 사실이다. 아니라고 말한다면 그건 거짓말이다.

그런데 시간이 흐를수록 자꾸 나 중심에서 조금씩 타인을 향해 다가가고 있다는 것을 느끼게 된다. 불과 얼마 전까지만 해도 사람들에게 인정받고 돋보이고 싶다는 생각이 강했다. 하지만 언제부터인가 조금씩 변화하면서, 타인에게 무언가 따뜻한 것을 주고 싶다는 생각을 하게 된다. 이제는 뭔가 의미 있고 따뜻한 것을 전해주고 싶다. 지금은 예전과는 달리 타인이 행복했으면 좋겠다는 따뜻한 무엇인가가 자주 마음속 깊은 곳에서 솟구쳐 오른다. 이러한 감정이 정확하게 무엇인지 알 수는 없지만 계속 그렇게 되는 것 같다.

지금 나에게 춤을 추는 이유가 무엇이냐고 묻는다면 '내 춤과 작품으로 사람들에게 일상에서 겪는 피로와 권태, 고통과 슬픔에서 벗어나 공연을 보는 순간만이라도 즐거움과 재미를 누리는 감동을 주고 싶다'는 것이다. 물론 이기적인 동기들이 완전히 사라진 건 아니지만, 지금은 무엇보다 감동을 주고 싶다. 내 춤과 작품으로 사람들의 상처를 조금이나마 어루만져주고 지친 삶을 회복시켜 줄 수 있다는 것이 얼마나 흥분되고 보람찬 일인지 모른다. 더욱이 춤과 예술이 정신의 치료제가 될 수도 있다는 가능성은 이제 나에게는 거의 기적과 같은 동기로 다가온다.

춤추는 삶

1

서태지와 아이들 그리고 듀스가 활동하던 나의 중고등학교 시절에는 그들의 인기에 힘입어 힙합음악과 힙합댄스가 선풍적인 인기를 끌었다. 그 당시 연습실이 마땅치 않아 공원과 지하철의 거칠고 딱딱한 길바닥에서 몸을 맞대고 열정으로 꿈을 지피며 노력했다. 운이 좋은 사람에게는 서울의 프로 춤꾼들이 모이는 연습실의 연습생으로 들어가는 행운도 주어졌다. 하지만 이런 노력에도 사회에서는 우리의 모습을 좋게만 보지 않았다. 과감한 복장과 행동이 기성세대와 다르다는 이유로 힙합댄스를 추는 우리들을 불량하다며 못마땅한 시선으로 바라보았다. 그저 공부 못하고 불량한, 춤만 추는 딴따라로 바라보는 경우가 대부분이었다. 그런 아이들이 몇 년 후에 힙합댄스로 세계를 제패할 것이라고는 누구도 상상하지 못했을 것이다.

나는 그나마 운이 좋아 서울에 있는 프로팀에 소개되어 연습하게 된 행운아였다. 80년대의 선배님들도 그랬고, 90년대의 나역시 춤추는 것을 집에서 반대했다. 괜한 자존심으로 부모님께 도와달라고 손을 벌리지 않았기 때문에 항상 배고팠고 돈이 없었다. 먼 곳에 있는 연습실에 갈 차비조차 없어서 여러 번 버스를 갈아타야 하는 경우에는 걸었다. 배는 고팠지만 연습실에서 춤을 출 수 있다는 설렘이 힘든 상황을 잊을 수 있게 했다.

연습실에 도착하자마자부터 춤만 췄다. 춤이 잘되는지도 모르고 무엇을 추는지도 모르고 마냥 춤을 출 수 있어서 기뻤다. 때론 부상을 당해 힘들기도 했지만, 다친 몸과 엉클어진 근육을 희망으로 풀며 실패했던 동작에 다시 도전했다. 실패를 거듭하며 다치면서까지 완성한 동작은 이뤄냈다는 성취감을 주었고, 가장 행복한 순간들이었다.

춤에 대한 호기심과 신비감에 도취되어 몰입되어 있으면 시간의 흐름을 잊을 수 있었다. 흐르는 땀만이 고된 시간을 잊게 해주며 휴식과 만족을 주었다. 막차가 언제 끊겼는지도 모르는 채, 밤늦게 그리고 아침까지 춤추는 일이 허다했다. 체력이 좋았는지 열정이었는지 모르겠지만 지금 돌이켜보면 그 시절이 내겐 너무 소중한 추억이고 행복이었다. 지금은 그렇게 하지 못한다.

열정이 다해서도 아니고 체력 때문도 아니다. 다만 사회에서 맡게 된 새로운 역할에 맞춰야 하는 책임이 따르다 보니 여러 곳에 열정을 나눠야 하는 상황 때문이다.

그때 그 시절을 생각해보면 연습의 보상은 사회적 조건에 얽매이지 않은 순수함이었다. 아무런 걱정 없이 좋아하는 것에 모든 것을 걸고 푹 빠져 노력을 다할 수 있다는 열정은 순수 그 자체였던 것 같다.

어느덧 현실을 이해하고 삶의 짐을 받아들이는 지금은 비록 열정이 식은 것은 아니지만, 새로운 열정을 가져야 한다.

2

춤을 춘다는 것은 삶을 향유하고 즐기는 일이다. 춤은 결과보다 그 과정이 마음을 설레게 한다. 춤을 춘다는 것은 공연 자체보다 공연을 위해 또는 자신의 만족을 위해 하루하루 연습한다는 것에 의미를 두고 행복을 느낀다. 최종의 결과도 좋아야겠지만, 그 목표를 위해 하나하나 쌓아가고 만들어가는 과정이 삶에 또 다른 생기를 불어넣는다.

물론 공연이 있는 날은 긴장과 설렘 속에서 엄청난 에너지를 투입하면서 순간의 절정을 느낀다. 오랜 준비 과정을 하루라는 시간에 응축시켜 써버린다는 점에서는 카타르시스를 느끼기도 하지만, 때론 허무함과 아쉬움이 남기도 한다.

허무함과 아쉬움은 공허함이 되어 가끔은 빈사 상태에 빠지기도 한다. 삶의 목표를 잃은 것이 아니라 목표에 도달했다는 성취감과 허탈함이 함께 밀려오기 때문이다. 항상 무엇을 갈구하고 그것에 집중하여 정진하고 노력하는 것이 삶을 풍요롭게 하는 것이기 때문이라 생각한다.

나의 삶은 춤을 추기 위한 연습이며 끝없이 이어지는 공연이다. 이런 생각 때문인지 더는 올라갈 곳이 없는 성공이 있다면 허무할 것 같다. 그래서 완벽한 성공은 실패라는 생각까지 든다. 정점은 허탈과 공허함을 준다. 더 이상 나아갈 길을 욕망하지 않는다면 그 삶은 죽음만이 기다리고 있는 삶이 아닐까.

3

힙합인들을 생각하면 나는 고대의 철학자 '디오게네스'와 '장자'가 떠오른다. 플라톤이 미친 소크라테스라고 했던 디오게네스는 촌철살인의 직언으로 유명하다. 지금 식으로 말하자면 돌직구다. 물질에 얽매이지 않고 자신의 생각을 서슴없이 밝히는 그의 언행은 사람들을 경악하게 만들기도 했지만 깨달음을 주었다. 사회가 규정해놓은 모든 걸 벗어 던진 채 나무통 속에서 살던 그를 세계의 반을 정복한 알렉산더 대왕도 부러워했다. 그는 누구도 범접할 수 없는 남다른 설득력과 무게를 지닌 악동 자유인이다.

장자를 보면 왠지 디오게네스가 생각나기도 한다. 디오게네스와 약 30년 차이가 나지만 같은 시대에 살았던 두 사람의 삶은 더욱더 비교된다. 장자는 마치 세상의 손을 놓은 것처럼 보이지만 그의 내면에는 세상이 들어 있는 것만 같다. 그는 돈과 명예, 권력에 얽매이지 않고 유유자적하는 삶을 추구했다. 특히 그 시대에 굳건하게 자리 잡고 있던 유교사상에서 벗어나 도교의 철학을 자신의 삶으로 관철시킨 인물이기도 하다. 명예와 권력의 유혹에도 불구하고 그저 낚시를 즐기며 삶을 관조하는 괴짜 자연인이기도 했다.

두 사람을 자연에 비유하자면 디오게네스는 바위요, 장자는 구름이다. 사회적 기준에 휘둘리지 않고, 돈보다는 가치를 추구하며, 유유자적 자유로운 삶을 누렸다는 것 그리고 사상을 표출하기 위해서는 돌직구도 서슴지 않았다는 점이 비슷하다. 그럴 수 있었던 이유는 사람들과 이해관계에 얽매이지 않고 자신들의 가치를 확실하게 추구했기 때문이다. 나는 가끔 두 사람의 입담을 상상한다. 만약 두 사람이 마주앉아 같은 언어로 입담을 펼쳤다면 재치와 유머가 넘치는 철학 배틀이 되었을 거라는 생각이 든다. 무한히 자유롭고 지나치게 진지하지도 않으면서 너무 가

법지도 않은, 유머와 재치가 조화를 이루는 그들의 감칠맛 나는 입담과 삶을 힙합인들의 춤과 삶 속에서 찾기도 한다.

힙합춤꾼인 우리는 야인이다. 춤꾼은 대개 사회의 가치체계나 제도, 인습에 얽매이지 않는다. 대부분의 사람들은 일찍 자고 일찍 일어나 출근하여 그날의 책임과 의무를 다하지만 춤꾼은 아침 일찍 자고 오후에 일어나 책임과 의무를 다한다. 남들 잘 때 연습하고 남들 일할 때 쉰다. 게을러서가 아니다. 춤추는 사람은 오후에 공연을 하고 저녁에는 가르치기 때문에 다들 모일 수 있는 시간이 늦은 밤이고 새벽까지 연습을 할 수밖에 없다.

대부분의 사람들은 안정된 삶을 원한다. 경제적 조건을 향상시키기 위해 좋은 직장을 얻으려 죽기 살기로 노력한다. 좀 더 나은 학력과 스펙을 얻으려고 치열하게 산다. 그러나 좀 더 가까이 다가가 그 삶을 들여다보면 만족하고 행복해 하지 못하는 것 같다. 행복하려고 사는 것인데 그 행복을 위한 수단 때문에 현재의 행복에 무덤덤한 사람들이 되어간다. 그들의 지치고 힘든 눈빛은 안타깝지만, 나마저 그런 상황에 빠져들고 싶지는 않다. 사회구조에 얽매이지 않고 굶지만 않는다면, 평생 춤추고 공연하며 열정적으로 세상의 자유를 만끽하는 한량처럼 살고 싶은 것이 간절한 바람이다. 어디 나만의 바람일까, 모든 사람의 바람이리라.

사회적 조건에 발맞춰 가기 위해선 안정적인 직장이 필요하다. 물론 춤꾼들은 안정적으로 돈은 벌기 힘들지만 자신이 좋아하는 일을 찾은 사람들이다. 자신의 일을 찾았다는 것은 삶의 흐름에 스며들어 순간순간 가치를 추구하며 정열적으로 산다는 것이다. 반면 자신의 재능과 능력을 신뢰하기보다 좀 더 많이 돈을 벌 수 있는 조건을 더 높이 신뢰하여 자신을 맞추는 경우도 있다.

이것은 춤꾼들의 관점에서 보자면 일을 자신에게 맞추는 것이 아니라, 일에 자신을 맞춰가는 것이다. 얼마나 시간이 더디 갈까. 일에 자신을 맞추고 퇴근 시간만 바라보며 사는 삶이란 죽기만을 위해 사는 삶 같다는 느낌을 받기도 한다. 자기 일에 미치면 시간이 가는 줄 모르게 되고, 하는 일은 삶을 풍요롭게 한다. 과연 이런 사람들은 얼마나 될까. 운 좋게도 대부분의 춤꾼들은 이런 부류 중의 하나일 것이다.

춤꾼들은 비록 평균적인 사회적 기준에서 벗어났더라도 그들 스스로 삶의 가치를 추구하고 만족한다. 특히 빡빡한 틀에 갇혀 시간에 압박받지 않으며 타인의 일을 하기보다 자신에게 모든 시간을 투자한다.

춤꾼에겐 직장에서 오랫동안 한곳에 머물며 시간을 보내야 하는 것이 힘들어 보인다. 다 그런 것은 아니겠지만, 춤에 미친 춤꾼들은 오랫동안 자리에 앉아 업무를 본다는 것은 상상하기 힘들다. 오랫동안 앉아 있는 자리에서 엉덩이라도 덩실덩실 어깨라도 둥실둥실 흔들며 가상의 리듬과 몸짓을 즐길 것이다.

춤꾼들의 삶을 사회의 경제적 가치로 본다면 기준에 미치지 못할 수도 있다. 하지만 자신의 가치를 위해 살아온 춤꾼들에게 사회는 항상 설렘과 모험의 공간으로 느껴진다. 사회적 조건에 맞춰 사는 사람들의 관점에서는 이렇게 볼 수도 있다. 좋아하는 것을 하는 것은 좋지만 늙어서도 할 수 있겠어, 어떻게 경제적 조건을 해결할 거야, 결혼은 할 수 있겠어⋯ 등등의 편견으로 바라볼 수도 있다. 하지만 모든 일에는 희생이 필요하다. 무언가를 이루기 위해서는 무언가를 버려야 하고, 버리면 버린 만큼 채워진다.

철학자 니체는 말했다. "불완전한 삶이 가장 쾌락적인 삶이다." 불완전은 완전을 향한 준비다. 불완전한 삶은 자신을 나태하도록 만들지 않는다. 불완전해도 열정이 있다면 안정보다 더욱더 승화된 능동적인 삶을 유지할 수 있다. 불완전한 삶은 멈출 수 없다. 우리는 항상 욕망하기 때문이다. 그리고 멈추면 죽은 것이다. 살기 위해 움직이고 움직이는 것이 사는 것이다. 그러므로 멈춘 것은 죽은 것이다.

멈추지 않기 위해서는 갇히지 말아야 한다. 생각이 자유롭고 몸도 자유로워야 춤도 자유롭다. 갇힌 생각과 몸은, 건조하고 딱딱하며 틀에 박힌 춤을 추게 만든다. 안정된 춤, 그것은 서서히 꺼

져가는 춤이다. 안정 속에서도 새롭게 움트는 것이 있어야 하고, 안정 속에 불안정이 있어야 조화롭게 성장한다. 삶도 마찬가지가 아닐까. 사회적 기준으로 보자면 학벌과 돈, 멋진 차, 부와 명예가 필요하다. 하지만 여기에 매이면 삶도 매이고 뜻도 매인다.

춤꾼들은 순간순간의 가치를 추구하고 음미한다. 지금 출 수 있고 그런 춤을 봐주는 사람들이 있고 그것으로 자신과 사람들이 기뻐하고 행복해 하는 조화의 가치를 지향한다. 순간을 느끼고 현실을 사랑하는 것이다. 이런 춤꾼들은 갇히지 않은 야인이다. 디오게네스가 즐기던 햇빛이며, 함석헌 선생님이 말씀하신 야인이고, 장자가 말한 못가의 꿩이며, 진흙 속에서 꼬리를 질질 끌고 사는 거북이다.

못가의 꿩 한 마리,
열 걸음에 한 입 쪼고,
백 걸음에 물 한 모금.
갇혀서 얻어먹기 그토록 싫어함은,
왕 같은 대접에도 신이 나지 않기 때문.

_ 장자

그치지 않고 오래가면 효과가 있다!

춤을 통해 사회를 본다. 춤을 통해 사회와 사람의 관계를 깨닫는다. 춤으로 인해 인생에 대한 기존의 관점과 새로운 관점을 한데 모아 깨달음을 갖게 된다. 그 깨달음이 진실일지 명확하지는 않지만, 살아가면서 겪게 되는 상황들 속에서 유용하다는 것만큼은 분명하다.

열등감과 노력으로 만들어진 나의 춤 세계는 내 자신에겐 언제나 경이로웠고 신비 그 자체였다. 춤도 그렇지만 사람은 모호한 특성을 지닌 존재다. 어리숙해 보이는데 움직이면 화려하고, 겉모습은 화려한데 이야기를 시작하면 어리숙하고, 똑똑해 보이는데 말하면 어눌하고, 어눌해 보이는데 말하면 똑 부러지는 경우를 많이 겪었다. 그래서 사람을 현재의 모습으로 무작정 판단하면 안 된다는 것을 알게 되었다.

너무나 멋있고 천재적이던 춤꾼들이 이제는 추억 속에 묻혀 버린 경우가 많다. 그 많던 춤꾼들이 모두 어디로 갔을까. 그 많던 춤꾼들이 지금은 춤이 아닌 또 다른 역할을 위해 새로운 사회에 발맞추어 가고 있을 것이다. 너무나 춤을 잘 추고 멋졌던 그들, 당연히 난 그들에게 열등감을 느꼈고, 늘 자극을 주고 분발하게 만들던 사람들이었다. 그들의 행동과 언어, 패션, 다양한 스타일은 나의 뇌리 깊숙한 곳에 남아 있다.

때론 부럽기도 하고 질투로 인해 그들이 세상에 없으면 내가 최고가 될 것이라고 생각했던 어리석은 시절도 있었다. 하지만 그들은 지금 나와 같은 공간에서 같은 일을 하지 않는다. 다행인지 불행인지 그들은 나와 같은 일을 하던 그 당시를 그저 한때의 유희쯤으로, 혹은 소중한 추억으로 간직하고 있다. 많은 부분 아쉬운 점이 있는 건 사실이다. 그들과 같이 경쟁하고 기뻐하고 이겨내던 그 시절에 우리는 춤으로 뭉치고, 춤으로 살았다. 삶 자체가 열정이었고 순간순간이 희열이었다.

그런데 난 계속 그것을 이어나가고 있고 그들은 다른 길을 선택했다. 재능이 없었다면 그럴 수도 있다고 생각하겠지만 재능과 능력을 고루 갖춘 실력자들이 춤 세계를 가장 먼저 떠난 것이다. 이룰 것이 없어서 떠난 것인지, 경제적 사정인지, 아니면 삶에 진실로 필요한 소중한 그 무엇을 찾아 떠난 것인지 알 수는 없다. 그들을 가끔 우연히 만나기라도 하면 서로를 반기기보다 추억 속의 사람으로 기억하며 어색하게 웃으며 악수를 나누곤 한다. 이제 그들의 얼굴에서는 그 시절의 열정을 발견할 수 없다. 어딘가 힘들고 지쳐 보이는 기색이 역력한 그들은 대부분 그 시절의 열정을 그리워하고 있었다. 어떤 이들은 다시 시작하고 싶지만 나이가 너무 들었다고 말한다. 아님 용기를 내서 다시 시작하고 싶지만 경제적 사정이 뒷받침해주지 못하기 때문에 지금의 삶을 선택하는 것이 낫다고 생각하는지도 모른다. 물론 그들 모두가 힘들어 하는 것은 아니었지만, 그 시절만큼의 열정적인 모습은 사라진 듯하다. 슬프기보단 아쉬울 따름이다.

반면에 그 시절에는 재능과 능력이 부족했지만, 지금까지 춤을 추며 이 세계의 주인공이 된 춤꾼들도 있다. 천재들은 일찍 그만두었지만 부족했던 그들은 끈기와 열정으로 자신의 꿈을 이어간 것이다. 춤 실력이 부족했던 그들, 그들은 점차 부족을 노력으로 극복하고 훌륭한 춤꾼이 되어 각 팀의 중심을 맡아 세상에 춤을 전파하고 있다. 그 당시는 상상도 하지 못했던 일이지만, 지금은 당연한 일로 받아들여진다.

어떻게 그렇게 되었는지는 시간과 노력만이 알뿐이다. 나는 다만 어떠한 상황이라도 포기하지 않았으면 한다. 다만 재능과 능력이 없어 다른 분야로 전향한 것은 포기라고 생각하지 않는다. 그것은 변화이며 빠르고 현명한 판단이다. 자신에게 맞지 않

34

는 재능을 경험으로 깨닫고 자신에게 맞는 재능을 찾아가는 것이다. 그러나 재능과 능력을 인정받는 사람이 쉽게 포기하는 경우도 있다.

쉽게 얻은 인정은 쉽게 날아가 버리고 소중함은 그만큼 덜한 것일까. 그래서 지금 느끼는 것이지만, 그 당시 뛰어났던 춤꾼들은 천재가 아니었던 것 같다. 지금까지 철두철미하게 자신의 것을 지켜오며 노력하는 춤꾼들이 잠재적인 천재들이 아닐까. 오해가 있을 것 같아 얘기하지만, 지금까지 남아서 열심히 노력하고 춤추고 있는 다른 훌륭한 춤꾼들에 비해 난 천재는 아닌 것 같다. 하지만 지금도 내 것을 지키며 발전하려고 노력하고 있는 사람인 것만은 분명하다.

가장 중요하게 얘기하고 싶은 것은 가장 흔한 것이다. 자신이 좋아하고 미치고 싶은 일이 있으면 어떠한 상황이 닥쳐도 피하지 말고 부딪치고 이겨내야 한다. 그리고 지금 자신보다 뛰어난 사람이 있더라도 자신과 비교하거나 질투하지 말았으면 한다. 자신도 인내와 열정만 있으면 충분히 뛰어난 사람보다 특별해질 수 있다. 그러니 절대 포기하지 말아야 한다. 포기하는 대신 오히려 자신이 하려는 것에 건방져지고 대담해졌으면 한다. 포기하는 것보다 그것이 낫다. 하는 일에 끝까지 노력하고 노력하면 그것에 쏟은 열정과 시간은 그 사람을 절대 외면하지 않을 것이다. 이것을 경험을 통해 깨달았다. 지키고 지키며 노력하고 발전했으면 한다. 포기는 추억이 아닌 절망으로 남는다.

〈중용(中庸)〉의 한 구절이 새삼스럽게 다가온다.

그치지 않으면 오래가고, 오래가면 효과가 있다.

효과가 있으면 오래도록 유지할 수 있고,

오래도록 유지할 수 있으면 넓고 두터워지며,

넓고 두터워지면 높고 밝아진다.

무대는 삶이다

인생은 '빈 공간'이다. 비워진 공간을 순간순간으로 채워가는 게 삶이다. 그러나 빈 공간에 무엇을 채울 것인지는 우리가 갖고 있는 목표에 따라 달라진다.

내가 원하는 목표를 이루기 위해 채우는 빈 공간은 삶의 무대다. 비어 있는 무대는 나의 목표에 따라 시작되고 무대에 오른 나와 관객과의 관계 속에서 사건은 시작된다. 그로 인해 소통이 이루어진다. 그 안에 희로애락이 있고 예상치 못했던 일이 일어나기도 한다. 그리고 어느 순간 시간이 지나 사건과 함께 공연을 마치게 된다. 여기서 난 목표를 이루기 위해 무대에서 최선을 다하고 내가 가진 모든 것을 쏟아 붓고도 아쉬움과 만족감을 느낀다.

난 무대를 삶으로 본다.

무대에서 춤을 출 때 서로 간의 공간에 대한 감각을 익히기 위해 학생들과 함께 공간 이동하기 수업을 진행한 적이 있다. 30평 남짓한 연습실에 약 10명 정도의 학생들이 걷기와 뛰기를 반복하며 서로 부딪치지 않고 공간을 이동하는 것이다. 공간 이동을 이해하기 위해 학생들이 뛰고 있는 상태에서 한쪽 문으로 나가라고 지시했다. 학생들이 우르르 소란을 피우며 한쪽 문으로 나가는데 서로 몸을 부딪치며 순식간에 아수라장이 되었다. 당연히 여럿이 한쪽 문으로 나가려니 마찰이 있을 수밖에 없다. 혼란을 진정시키고 학생들을 연습실로 들어오게 하여 다시 뛰게 했다. 이번에는 연습실에서 자신이 가고 싶은 방향으로 뛰어보라고 지시했다. 그러자 서로 부딪치지 않고 자연스럽게 원하는 방향으로 가는 것이었다. 이처럼 모두 자신이 가고 싶은 방향이 다르다. 그만큼 원하는 것도 다르고 하고 싶은 것도 다를 것이다. 근데 우리는 왜 같은 방향을 보고 있는 걸까.

만약 인생이 무대라면 우르르 한쪽 문으로 몰려가는 삶을 택할 것인가, 아니면 자신이 가고 싶은 방향으로 가는 삶을 택할 것인가. 그것은 선택에 달려 있다. 그러나 우리는 대부분 미리 선택이 정해져 있는 것 같다. 그리고 그것을 위해 차가운 열정을 바쳐 노력하는 것 같다. 나는 그것이 안타깝다.

우리는 우연히 삶이라는 무대에 오르게 된다. 처음 무대에 오르는 순간에는 목표 없이 당황하고 방황하게 된다. 그런데 어색함 속에서도 다양한 반응들 때문에 즉흥적으로 행동하게 되고 나름대로 목표를 찾게 된다. 목표가 설정되는 순간 스토리가 생기며 즉흥적이었던 것들은 체계적으로 정리되고 자신만의 희곡에 따른 삶이 이루어지게 된다. 그래서 삶을 한 편의 드라마라고 하는 것이 아닐까. 이처럼 우연히 무대에 올라 즉흥적인 행동 속에 목표를 찾고, 스토리가 생기면서 드라마의 형식을 갖추게 된다. 인생도 이와 다르지 않을 것이다.

이처럼 나는 무대에서 삶을 본다. 나의 삶은 무대에 서기 위한 노력이기 때문이다. 그래서 무대에 대한 남다른 견해를 갖고 있기도 하다.

현대무용의 선구자 '이사도라 덩컨'은 고대 그리스의 비극에 대해 말하면서, 초기에는 춤과 노래로 이루어졌던 연극이 시간이 지나면서 비극작가인 '아이스킬로스'가 대사의 비중을 늘리면서 점차 춤과 노래의 표현이 분리되어 독립적으로 되어 갔다고 한다. 덩컨은 춤과 연기를 형제라고 표현하며 그만큼 가까운 사이라고 얘기한다.

연극에 관심이 많은 나는 희곡과 연극이론에도 관심이 많다. 연극과 관련된 스타니슬라브스키와 미카엘 체홉의 저서와 그밖의 즉흥연기에 관련된 글을 통해 무대에서 '목표(목적)'가 없으면 배우는 무엇을 해야 할지 헤매게 된다는 것을 명확하게 알게 되었다. 무대에 서고 싶다고 그냥 무대에 서면 배우는 무엇을 할까 당황하고 방황하며 어쩔 줄 몰라 한다. 그때 연출가가 어떠한 상황을 지시하면 그때서야 배우는 무대에서 연출가의 지시에 따라 연기하기 시작한다. 그런데 배우가 목표를 갖고 무대에서 연기한다면 오히려 연출가가 배우의 장점을 발견하고 더 나은 방향을 논의할 수 있지만, 그렇지 않을 경우 연출가는 의도적으로 자신이 원하는 것을 배우에게 지시할 수밖에 없게 된다.

무대는 삶의 축소판이다. 우리는 흔히 과장된 행동을 하는 사람에게 '연기하고 있다'는 우스갯소리를 하곤 한다. 진실 되지 못한 행동을 할 때 부정적인 뉘앙스로 사용하지만, 우리는 언제나 진실만을 기반으로 행동하기는 힘든 상황에 부닥치고 만다. 그러므로 세상은 커다란 연극판이라 해도 과언이 아니다.

삶이 무대라면 목표가 있어야 한다. 하물며 무대에서 목표가 없으면 방황하는데 삶에서 목표가 없다면 어떻게 될까. 삶이라는 무대에서도 목표 없이 살게 되면 당황하고 방황하게 된다. 무대에서는 배우가 방황하면 연출가가 방향을 제시할 수 있다. 그런데 삶이라는 무대에서는 누가 그 역할을 할까? 주로 부모와 교육일 것이다. 하지만 부모님들도 대부분 교육이 제시해준 삶을 살아왔을 것이므로 삶의 연출가는 교육이다. 그런데 내가 경험한 교육 속에서 발견한 것은 모두에게 똑같은 목표를 제시하고 있다는 점이다. 그 목표라는 것이 우르르 몰려 서로 부딪치고 비좁아 나아가기 힘든 공간으로 몰아붙이는 것 같다는 느낌을 받는다.

일반적으로 교육의 목표는 공부 잘해서 좋은 대학 나와서 좋은 직장에 취직해서 안정적으로 사는 것으로 정해져 있는 것 같다. 사람은 모두 다 서로가 다른데 어떻게 그럴 수 있을까. 나는 최소한 교육의 목적은 자신이 원하는 삶, 살고 싶은 삶을 만들 수 있는 힘을 길러주는 것이어야 한다고 생각한다. 만들어진 틀에 수동적으로 맞추는 것이 아니라 능동적으로 자신의 틀을 만들 수 있어야 한다. 그러나 우린 이미 만들어진 거대한 틀을 위해, 그리고 안정이라는 보상을 위해 획일화된 노력을 하고 있는 건 아닌지 생각해 보아야 한다.

이러한 문제점을 삶이라는 무대로 옮겨 얘기하면 간단하다. 삶을 너무 단면적으로 보기보다 관객으로서 한눈에 파악할 수 있는 무대로 본다면 삶을 좀 더 통찰력 있게 바라볼 수 있다. 무대에서 아무런 주제도 내용도 감동도 없이 갈피를 잡지 못하고 연기하거나 춤을 춘다면 관객은 어떻게 반응할까.

당연히 화도 나고 관람하기 힘들 것이다. 우리의 삶도 다르지 않다. 우연히 삶이라는 무대에 오르게 되었지만, 방황하며 우리의 삶을 제시해줄 연출가 같은 구세주를 기다린다면 아직도 삶의 목표를 찾지 못했거나 상실했다는 의미다. 좀 더 쉽게 생각하자면 삶은 소극이다. 그러니 삶을 무대라고 생각하고 본다면 삶에 빠져 허우적거리기보다 연출가의 눈으로 좀 더 여유 있게 관찰한다면 도움이 되지 않을까.

무대와 삶을 통해 느끼는 것이 있다면, 무대는 가짜지만 진짜고, 삶은 진짜지만 가짜라는 점이다.

춤으로 느끼는 순간의 성취감!

춤을 추는 이유 중의 하나는 성취감이다. 무엇을 노력하여 이룬
다는 것은 인간을 한 단계 성장하게 도와주는 영양제다. 이룬 것
이 현실에 좀 더 선명하게 드러나는 것이라면 그것은 더욱더 보
람찰 것이다. 이 맛에 나는 춤을 연습하고 그 결과를 무대에서
보여준다. 이룸을 이룰 수 있는 장소에서 이룸의 모습을 보여줄
수 있다는 것, 다른 모든 성취가 그렇듯 직접 느껴보지 못한 사
람은 모를 일이다. 어릴 때 두 발 자전거를 타지 못해, 노력과 실
패 끝에 마침내 앞으로 나아가게 되었을 때의 그 성취감과 비슷
하다.

춤 중에서도 성취감이 가장 높았던 것은 비보잉이었다. 순수

무용에서 힙합춤까지 다양한 춤을 추다 보니 각 장르만의 매력과 성취감이 있기 나름이다. 그런데 유독 비보잉은 그 성취감이 유난하다. 모든 춤꾼이 그렇다기보다는 학생들을 가르치면서 그리고 팀 동생들과의 연습을 통해 얻게 되는 성취감이 그랬다.

순수무용이든 힙합춤이든 성취감은 서서히 다가온다. 더디게 천천히 다가온다. 매우 좋아하다 보면 빠져들게 되고 이성적인 판단은 흐려진다. 내가 지금 하는 것이 늘고 있는 건지 잘하고 있는 건지 구별이 안 될 때가 많다. 특히 춤은 대단히 변덕스럽다. 춤의 움직임은 빠르지 않게, 서서히 느는 것이 특징이다. 간혹 어떤 것은 몰입된 노력으로 인해 빠르게 성취되는 것도 있지만, 대부분 노력에 대한 순간적인 보상일 뿐이다.

기술적인 동작을 제외하고 움직임에 속한 감정의 표현과 자신만의 느낌을 완성하는 과정은 그 성취감을 느끼지 못할 만큼 부지불식간에 다가오는 경우가 있다. 연륜이나 경력을 절대 무시 못하는 것처럼 진정으로 오랫동안 춤춰온 춤꾼들은 움직임 속에서 내면을 본다. 어떤 동작의 기술처럼 완성된 것을 확인하고 보는 것이 아니다. 보는 것이 아니라 느끼는 것이다. 그럴듯해 보이려고 미사여구를 사용하는 것이 아니라, 직접 느낀 그대로다. 그것은 오램에서 배어나오는 쌓임이며 그윽함이다. 이것은 오랫동안 한 가지 일에 천착한 사람에게 나타나는 아우라다.

하지만 비보잉은 좀 다르다. 물론 동작의 완성이 엄청나게 더

디긴 하지만 한번 동작을 완성하면 그 결과는 확연히 드러난다. 그래서 그 성취감은 거의 미칠 듯한 희열을 안겨준다. 비보잉 동작은 테크닉으로 이루어져 있기 때문에 자신의 움직임에 대한 감정과 느낌을 습득하기 전에 기술적인 동작으로 완성할 수 있다. 예를 들어 '헤드스핀(head spin)'이라는 비보잉 기술이 있다. 헤드스핀은 말 그대로 머리를 지면에 대고 회전하는 동작이다. 처음에는 머리를 바닥에 대고 몸의 균형을 유지하는 연습을 하게 되는데, 일단 머리로 몸 전체를 지탱할 수 있게 되면 그 자체로 백 원짜리 동전만한 성취감을 맛보게 된다. 모험심과 도전정신은 머리로 몸을 지탱하는 것에 만족하지 못하게 만든다. 지탱하게 되면 당연히 그 다음 과정으로 뛰어드는 것이 춤꾼의 본성이다. 지탱하게 됨과 동시에 목이 부러질 위험에도 불구하고 두 손을 떼고 머리로만 회전하기 위해 도전한다.

도전이 실패할 경우 다치거나 실망에 빠지기도 하지만, 성공은 성취감으로 빠져들게 한다. 하늘이 허락한다면 일단 반 바퀴 도는 것쯤은 성공한다. 도는지 안 도는지 분간이 안 가지만 조금 돌았다는 것에 오백 원짜리 동전만한 성취감을 느끼게 된다. 그 성취감이 헤드스핀 반 바퀴를 넘어 수십 바퀴를 완성하게 만들어준다. 완성돼서 기쁜 것도 있지만 완성되기까지의 과정이 성취감과 쾌감을 더욱 크게 느끼도록 만들어준다. 그것은 손꼽아 기다리던 병장 계급장을 다는 순간의 느낌과 비슷할 것이다.

비보잉이 다른 춤에 비해 성취감이 높은 이유는 노력에 대한 성과가 확연하게 드러나며 완성된 동작을 확실히 보여줄 수 있기 때문이다. 매일 춤을 연습하다보면 느는 것인지, 잘하는 것인지 구분하기 어려울 때가 많다. 그럴 때 타인의 눈으로도 판단될 수 있을 만큼 완성도가 높아지면 말 그대로 증명된 성취감을 맛보게 되는 것이다.

　　정도는 다르겠지만, 다른 모든 춤에서도 마찬가지다. 춤을 습득한 성취감은 순간적으로 느끼는 환희와 같고, 그것에 다가서려는 노력은 인생의 기나긴 여정과 같다. 그래서 춤은 하면 할수록 경이롭고 어렵고, 또한 그래서 춤이 좋다!

이미지 훈련

나는 항상 무엇인가를 머릿속으로 그려내고, 그려낸 그것을 닮아가려고 노력한다. 노력도 노력이지만 하나의 달콤한 환상을 가지고 그것에 다가서고 있다는 생각을 하면 행복해진다. 현실이 나를 힘들게 할 때, 또는 현실에서 희망이 저만치 사라져 희미해진다고 느껴질 때 환상은 유용하다.

춤을 출 때 환상은 극에 달한다. 처음에는 어떤 멋진 대상을 상상하며 그 대상과 비슷해지기 위해 노력하고 그 과정에서 그 대상과 비슷해질 수 없다는 것을 깨닫게 되고, 그 깨달음은 다시 내 몸에 맞는 이미지를 상상하게 만들어준다. 그런 과정을 거치면서 나의 춤은 시나브로 내 몸과 맞아간다. 어찌 춤을 연습할 때 아무런 이미지를 떠올리지 않고 출 수 있단 말인가. 그것은 기계적인 기술에 불과하다. 이미지는 생각을 풍부하게, 움직임을 풍성하게 만든다. 이미지를 떠올리는 것은 그것에 다가서게 하고 움직이게 만드는 감각의 에너지다.

그동안 다양한 사람들에게 다양한 춤 장르를 가르쳐 봤다. 내가 가장 집중적으로 연습하고 연구했던 힙합춤과 요즈음에 푹 빠져 있는 현대무용을 가르치면서 솔직히 가르쳤다기보다 많이 배운다는 것이 사실이다. 가르친다는 것은 상대방에게 내가 생각하는 가치를 전달하는 것이겠지만 오히려 전달받는 부분이 훨씬 많다. 가르치면서 가르침을 받게 된다. 특히 고등학생이나 대학생을 가르치다 보면 그들로부터 내가 배우는 것에서 확연한 차이를 발견하게 된다.

힙합춤과 현대무용을 가르치면서 이미지 훈련의 중요성을 더욱 명확하게 알게 되었다. 일단 그들에게서 발견하게 되는 것은 모방이다. 모방에서 그치는 모방이 아니라 모방을 통해 차용하고 그것을 자기 것으로 만들어 가는 과정이다. 춤을 배우는 학생들은 자신들이 존경하는 춤꾼들의 움직임을 이미지화시켜 이미지 속 춤꾼의 단점은 제거하고 좋은 부분만을 흡수해 적용한다. 유명한 춤꾼을 이미지로 만들어 따라하다 보면 처음에는 그 춤꾼의 움직임을 연습하고 있다는 것을 알게 된다. 시간이 지나다 보면 그 움직임이 점차 자신의 몸에 맞게 변형된다는 것도 관찰할 수 있다. 물론 나도 여러 춤꾼의 움직임을 이미지로 만들어 따라하면서 점차 내 자신의 움직임으로 변화시키고 발전했다는 것을 알게 되었다.

이제는 춤뿐만이 아니라 삶 속에서도 이미지 훈련을 한다. 나는 위대한 인물들을 상상하고 현실에 적용하려고 좋은 점만을 뽑아 이미지로 만들어 항상 생각하고 행동하며 생활한다. 나는 철학자 니체와 춤 예술가 최승희, 이사도라 덩컨, 니진스키를 존경하여 그들의 사상과 춤을 상상하며 내 예술을 키워왔다.

예술가가 지녀야할 정신과 춤에 대한 가치관에도 많은 영향을 받았다. 니체의 사상은 내가 지니고 있는 잠재력에 자신감을 주었으며 내 사상에도 신뢰와 믿음, 용기를 주었다. 나로서는 감사한 마음을 품고 있는 위인들이지만, 그들의 현실적인 삶만은 절대 이미지로 만들지 않았다. 그들 모두 예술과 사상 그 자체로는 본받을 수 있지만, 그들의 불행했던 삶만은 현실적으로 겪고 싶지 않기 때문이다.

나는 항상 삶에서 여러 위인을 생각하며 이 상황에서 그들은 어떻게 대처하고 행동했을 것인가를 상상하며 나를 움직인다. 처음에는 내가 그들을 모방하는 것인 줄 알았지만 그들을 실제로 보지도 느끼지도 경험하지도 않았기 때문에 내게 맞춰진 인물로 내 자신에 투영되어 이미지가 된 것 같다. 그런데 불행한 삶의 부분은 나도 모르게 무의식적으로 거부했다. 삶의 표본으로는 함석헌 선생님이나 괴테와 피카소를 닮고 싶다. 함석헌 선생님은 한국인에게 맞는 사상을, 괴테와 피카소는 문학과 미술에서 위대한 예술작품을 남겼지만 그보다 더욱더 매력적인 면모를 찾을 수 있는 점은 바로 사랑이다.

노년에 이르러서도 변함없이 불타오르는 사랑과 정열, 그 정열에서 오는 예술작품에 대한 창조적 열정, 나는 그런 삶을 본받고 싶다. 인정받으며 인정해 주는 삶, 고통 받으면서도 즐길 줄 아는 삶, 어려움 속에서도 여유를 잃지 않는 재치 있는 삶, 시간에 얽매이지 않는 삶을 본받고 싶다. 인생에 주어진 시간을 넘어 시간을 창조하는 삶을 살고 싶다. 고통과 함께 즐기며, 열정적으로 사랑하는 삶. 나는 위대한 인물들의 삶과 업적을 이미지로 만들어 상상하고 현실에 적용한다. 그 인물들과 비슷해지려 하기보다 나만의 삶을 창조하기 위해 현실이라는 위험하고 매력적인 공간에서 열정을 다해 노력하고 있다.

언제나 특별한 삶을 살기 위해, 특별한 이미지를 통해 특별한 삶을 꿈꾼다.

춤꾼은 세 번 변한다

춤추는 예술가는 세 번 변한다. 몸과 정신과 마음.

첫번째 '몸'은 감정과 이성, 사상 등을 자유롭게 표현할 수 있는 움직임의 자유를 지향한다. 몸이 자유롭게 열려 있으면 자신이 느끼는 감정과 사상을 자유롭게 드러낼 수 있는 육체적 표현의 정점에 오르게 된다.

춤추는 몸의 모습이 멋있어서 춤을 시작하는 경우가 대부분이다. 춤은 멋있거나, 관능적이거나, 매력적이고 매혹적이다. 춤에서 가장 멋이 드러나는 부분이 바로 몸일 것이다.

몸은 내면을 밖으로 내비치는 최고의 표현 도구다. 몸짓이 멋있으면 내면도 멋있다는 생각을 하게 되고 내면이 멋있는 사람은 외면도 멋있다는 생각도 든다. 사람들은 멋있기 위해 노력한다. 이것은 멋을 알고 사랑을 알면 누구나가 시도해 보는 삶의 맛이다.

누구나 최고의 몸을 가꾸려 시도하지만, 누구나 이룰 수 있는 것은 아니다. 하지만 노력과 열정이 있다면 누구라도 자신이 원하는 멋을 만들어낼 수 있다. 이렇게 이루어가는 몸은 자신에게 소중한 가치를 던져준다. 자신감, 자부심 등의 삶에 있어 중요한 가치를 가질 수 있게 해준다. 춤을 추는 몸짓에 반해 춤을 추고 있는 우리는 몸에서 시작된 몸의 개혁자들이다.

두번째는 정신이다. 몸만 열려있고 정신이 깨어있지 못하면 그는 기계적인 춤꾼에 그칠 것이며, 나이가 들수록 몸은 쇠약해져 미래는 어두워진다. 정신은 지성을 뜻할 수도 있겠지만, 예술가의 정신은 깨달음에 있다. 지식만으로는 정신이 고양되기 힘들다. 살면서 겪게 되는 모든 경험과 느낌에서 오는 오묘함을 받아들이고 이해하고 깨달아야 한다. 이런 깨달음은 춤으로 표현하게 되며, 춤 속에 그의 정신이 드러난다. 지식은 냉정하다. 지식 그 자체로 머물게 되면 그것은 허위로 가득 찬 오만함이 될 수 있다.

춤을 추며 동작을 완성해 가는 과정에서 많은 고통이 따른다. 고통 속에서 원하는 동작을 완성해 가며 얻게 되는 성취감은 정신에 긍정적인 영향을 미친다. 깨달음은 몸을 훈련하여 춤의 새로운 경지에 오를 수 있도록 도와준다. 이러한 과정이 정신을 더욱더 확장시켜 자신이 바라는 것에 몰입하게 된다. 심오하고 유쾌하게 즐길수록 몰입이 되고 지식과 개념을 갖추게 된다. 지식과 개념은 자신의 세계관을 풍요롭게 하고 그것은 몸으로 현실화된다. 이것이 춤 예술의 과정이다. 어디 춤 예술뿐이겠는가, 자신의 몸과 정신을 닦고 정진하는 사람은 누구나 인생의 예술가들이다. 자유롭게 몸과 정신을 현실에 구현할 수 있다면 그 자체가 예술적인 삶이다. 이러한 삶은 몸과 정신의 조화로 마음을 열게 된다. 이것은 종교도 아니고 철학도 아니며 그저 우리가 즐기며 진지하고 몰입하는 우리들의 삶 그 자체다. 하지만 정신에는 감정이 없다. 감정은 머리 아래쪽에 있다.

세번째인 '마음'은 오만함을 깨워주고 경험을 폭넓게 받아들여 느끼게 하고 감각의 정화를 일으킨다. 마음은 육체와 정신의 조화에서 오는 현실적인 삶의 이해이며 관용이다. 이해할 수 있고 인정할 수 있으며 받아들일 수 있게 해준다. 이러한 것이 실질적인 깨달음일 것이다. 분노와 적의, 비판 등을 너그럽게 흡수할 수 있으며 부드럽게 내뱉을 수 있다. 육체와 정신만을 가지고 있으면 쉽게 욕망에 이끌리게 된다. 육체와 정신을 최정점으로 올려주는 것이 바로 마음이다. 육체와 정신과 마음의 조화는 삶을 자신의 것으로 자유롭게 소유하게 한다.

머리에서 나오는 정신은 신체상 가장 높은 곳에 자리 잡고 있지만, 그 높은 곳의 가치를 높여주는 것은 마음이다. 사람은 마음됨됨이가 제대로 갖추어져 있어야 한다. 무슨 일을 해도 마음가짐이 제대로 갖춰져 있지 않다면 스스로 의심해 보아야 한다. 마음가짐은 어떤 상황, 어떤 모습, 어떤 일을 할 때 작동한다. 각기 다른 행동과 생각에 따라 천차만별로 다르게 나타난다. 이해하고 관용하는 너그러운 마음, 그 마음에서 비롯된 행동들은 부정적인 것들을 내치고 정신을 깨우쳐 몸에 긍정적인 영향을 미친다.

마음가짐이 갖춰진 예술가는 누구에게도 해가 되지 않는다. 위엄은 있어도 위험은 없다. 지식보다 관심에서 비롯되는 그것은 우리가 항상 듣고 흔하고 유치하게 생각하는 '사랑'이다. 사랑은 유치하나 직접 경험할 때는 너무나 크고 광대해서 두렵기까지 한 모순이기도 하다.

그래서 춤추는 사람은 도인과 같은 자세로 삶을 살고 무대에서 광인이 되는 것이다.

누가 소변기를 뒤집어놓을 것인가?

나는 늘 커다란 변화를 상상한다. 내가 만든 어떤 것, 또는 상상 그리고 생각에 의해 변화의 불꽃이 일어나기를 희망한다. 내가 가진 것으로 사람들에게 영향을 끼쳐 그 파장이 삶의 변화를 일으킬 수 있기를 기대한다. 희망과 욕망을 추구하는 과정에서 많은 생각들이 만들어지고 행동이 일어난다.

영향을 끼쳐 변화를 일으킨다는 것은 바로 내 존재를 알리는 일이고 그로 인해 존재의 가치가 드러난다. 사람은 누구든지 명예, 명성, 부, 권력 등의 욕망을 쉽게 버리지 못한다. 욕망 자체는 나쁘지 않다. 오히려 세속적인 삶의 권태에 빠지지 않게 하는 자극제다. 그러나 그 자극이 너무 강하다 보면 권태보다 더한 악덕과 불안에 빠지게 된다.

악덕과 불안보다 삶의 목적과 희망을 제시하는 변화의 불꽃을 일으키고 싶다. 그것에 대한 갈망은 삶을 무료함에 빠뜨리지 않고 풍요롭게 해준다. 많은 사람들이 변화는 어떤 커다란 존재, 대단한 존재, 위대한 존재에서 시작되는 것으로 알고 있다. 물론 그렇게 변화되기도 하지만 변화는 위대한 것이 아니라 자그마한 불꽃에서 시작된다. 변화를 일으킨 위대한 존재도 변화를 일으키기 전에는 위대한 존재가 아니었을 것이다. 변화를 갈망하거나 가능성을 지닌 평범한 인물이었을 것이다. 그러나 변화의 주역이 되어 만인에게 알려질 때, 그 인물의 과거와 현재는 멋들어진 신화처럼 알려지게 된다. 그래서 평범한 사람이 영웅이나 천재로 추앙받게 되는 것이다. 변화를 일으키기 전이나 후에도 그가 지니고 있는 능력은 똑같다.

사람의 존재는 그냥 드러나는 것이 아니라 무엇에 의한 사건에 의해 알려지게 되는 경우가 많다. 그 존재가 그냥 제자리에 있으면 그 존재는 제자리에 남아 있는 그저그런 존재로 남게 된다. 멈춰있다는 자체가 존재의 가치를 흐리게 한다. 살아있는 것은 항상 움직인다. 이것이 움직이고 변화하며 존재한다는 가치의 의미다.

변화에 있어 나에게 가장 큰 영향을 끼친 인물은 '마르셀 뒤샹'이다. 그의 예술과 정신 그리고 행동은 내게 커다란 자극이 되었다. 뒤샹이라는 인물보다는 그의 작품 〈샘〉이 그랬다.

1917년에 발표된 이 작품은 남자 소변기를 뒤집어 전시한 것이다. 그 당시에는 비난을 면치 못했지만, 누구나 인정하는 보편적인 가치의 틀을 뒤집어 놓은 작품이었다. 변화에는 즉시 효과가 나타나는 것도 있지만, 서서히 그리고 굳건한 뿌리를 내리듯 나타나기도 한다. 아무리 갑자기 나타난 것이라 할지라도 그만큼의 철학적인 깊이와 전략적인 준비와 노력에서 나타나는 것이다.

중국의 철학자 공자의 사상을 엮은 〈중용〉에 이런 얘기가 있다.

군자의 도는 은근하지만 날로 드러나고
소인의 도는 첫눈에는 확 드러나지만 날로 사그러든다. (33:1)

뒤샹의 〈샘〉은 소인의 도이기보다 군자의 도에 가깝다. 이 작품은 은근하면서도 강렬하게 날것인 채로 드러나지만 지금도 많은 예술가와 사람들에게 영감을 불어넣고 있기 때문이다.

어떻게 우리가 흔히 사용하는 소변기를 그리는 것도 아니고 그 자체를 전시장에 전시하려 했던 것일까. 소변기를 전시한 그의 모험심과 도전정신에 무지막지한 갈채와 존경을 보낸다. 뒤샹의 작품 자체를 우상처럼 신봉하는 것이 아니라 평소에 내가 존중하는 엉뚱하지만 철학적이고 진지한 행동과 어느 정도 일맥상통하기 때문에 매력을 느끼는 것이다.

심사위원들에게는 당혹감과 불편함을 주었고 관람자들에게는 황당함을 주었다. 쉽게 말해 기존의 가치에 충격을 준 것이다. 그것이 사람들의 기억 속에 남는 가장 중요한 요인이다.

충격을 주지 않는 작품은 그만한 가치가 없다.

_ 마르셀 뒤샹

충격은 자극을 주고 자극은 영향을 주며 영향은 변화를 가져온다. 변화는 사람을 바꾸고 세상을 바꾸며 인류를 바꾼다. 이 작은 예술품 하나가 인류에 크나큰 영향을 주고 변화를 이끈 것이 나에겐 너무나 황당하고 자극적이어서 극복하기 힘들었지만 경이로운 예술이었다.

20대 초반에 겪게 된 뒤샹의 작품으로 인한 충격, 나의 예술관, 생활관, 생각, 습관, 가치관, 행동의 모든 면에 고민과 고통을 주고 변화를 가져오게 한, 그야말로 황당한 가치의 불꽃이었다. 이것은 내 맘속 깊은 곳에 숨겨져 있었지만 드러내고 싶었던, 그러나 제대로 인식하지 못하고 있던 것을 폭발시켰다. 그래서 항상 느끼고 추구했던 욕망을 끄집어내어 되새기고 행동하게 만들었다. 그 자체로 끝나는 것은 나 혼자만의 즐거움이다. 이제 이 세상과 어울려 사는 삶에서 나 혼자 즐길 수 있는 것을 함께 즐기고 생각할 수 있는 무엇인가가 필요할 때다.

뒤샹의 〈샘〉은 명확히 알 수 없었던 가치를 일깨워준 인생의 자극제이며, 넓음이며, 깊이이며, 현실을 이끌어가게 하는 힘찬 원동력이다. 이제 누가, 무엇으로, 새로운 가치를 보여줄 것인가, 누가 소변기를 뒤집을 것인가?

나는 미래의 젊은 작가들은 더욱 멀리 나아가야 한다고 생각합니다.
언제나 예술혁명의 토대가 되는 충격의 새로운 가치가 빛을 보게 해야 하기 때문입니다.

_ 마르셀 뒤샹

춤은 학문이다!

어렸을 때부터 공부 안 하고 춤만 추냐? 라는 걱정과 약간의 비하 섞인 말을 참 많이도 들었다. 그런 말은 도대체 이해할 수가 없었다. 내겐 춤이 공부인데 무슨 공부를 하라는 말이지? 공부가 도대체 뭘까? 공부는 삶에 필요한 것들을 얻기 위한 지식이다. 당연하게도 나에게 필요한 건 춤이다. 그렇다면 나에게 있어 공부는 춤이다. 그런데 도대체 춤을 공부로 생각하지 않는 이유는 무엇일까? '공부'라는 것에 대한 편견에서 비롯된 것이다. 조선시대부터 무(武)보다 문(文)을 중시했던 관습도 한몫을 하는 것 같다. 몸을 단련시키는 것보다 글로 익히는 '학문'이 공부이며 더 좋은 것이라는 인식이 있기 때문이다.

책상머리에 앉아 익히는 글과 마찬가지로 몸으로 익히는 춤

역시 학문이다!

　서구철학에서도 몸은 정신을 가두는 것에 지나지 않는다며 과소평가했던 풍조가 있었다. 독일의 철학자 니체(1844~1900)가 나타나기 전까지 몸은 영혼이나 정신보다 중요하지 않은 것으로 취급받았다. 그러나 니체는 그동안 이원론적으로 분류되어 오던 몸과 정신을 하나로 뭉치면서 몸의 중요성을 부각시킨다. 특히 몸을 거대한 이성으로 규정짓는가 하면 자신의 저서 〈차라투스트라는 이렇게 말했다〉에서는 춤출 줄 아는 오직 하나의 신만을 믿으려 한다고까지 말하고 있다. 그는 자신의 철학적 비유에 춤을 자주 사용함으로써 그동안 서구철학에서 자리한 정신만을 중요시하는 형이상학적 관행을 전복시켰다. 이런 과정을 통해 몸과 춤은 실존적 가치로써 새롭게 인식되어 인정받기 시작했다.

　그런 철학적 전복을 통해 춤이라는 가치를 재인식하게 되면서 현대의 우리는 춤을 학문, 철학, 미학적인 개념으로서 '몸의 언어'라고까지 표현하고 있다. 이것은 분명 부정할 수 없는 사실이며, 니체가 '사유도 일종의 춤이다'라고 말했듯이 어떤 춤이든 그 춤을 추기 위해서는 춤추는 사람의 다양한 감정과 생각들이 몸 안에 담겨 있기 때문에 몸의 언어인 것이다.

　또한 춤을 문학과 비교한 예술가도 있다. 바로 20세기 초의 프랑스 시인 폴 발레리다. 그는 '춤은 시(詩)와 같고 걷는 것은 산문시와 같다'고 했다. 시는 감정, 사상, 느낌, 이성 등 인간이 경험하고 느끼고 생각하는 삶의 모든 것을 압축시킨 언어다. 춤은 시와 같다고 한 것은 시가 곧 삶이 압축된 언어이듯 춤은 삶이 압축된 몸의 언어라는 것이다.

춤은 몸의 언어다. 더 나아가 춤추는 몸은 '움직이는 글자'인 것이다. 글자도 생각을 물질화시킨 것이고, 몸짓도 생각을 물질화시킨 것이다. 추상적인 의미가 아니라 현실적인 의미에서, 글자도 몸짓이며 물질이고 물질은 현실에 존재한다. 순간과 지금이라는 공간에서 몸의 언어로 현실적으로 표현하고 있기 때문에 움직이는 글자인 것이다. 시와 철학이 그렇듯이 움직이는 글인 춤 역시 때론 추상적이고 난해하다.

더 나아가 춤추는 몸이 움직이는 글자라면, 그것들이 모여 문장을 이루게 되고 문장은 문단을 이루고 문단이 모여 내용을 이루고 마침내 책을 이루게 된다. 이것은 모든 글이 마찬가지다. 이렇게 모인 움직이는 글자들은 움직이는 책이 된다. 그 움직이는 책을 보는 관객들은 독서를 하게 되는 것이다. 춤꾼의 몸은 책이며 춤꾼의 움직임을 보는 것은 독서가 된다. 그래서 춤은 학문이다.

그렇다면 많은 사람들이 춤추는 사람들에게 공부를 하라고 강권하는 것은 춤추는 사람이 아니라, 공부 좀 하라는 사람들의 지식이 부족해서 그런 것이다. 그러니 이제 고정관념에 얽매인 충고는 삼가야 한다. 앞으로 지성사에 커다란 업적을 남기게 될 '움직이는 책'을 쓰고 있는 춤꾼들에게 거두절미하고 공부하라는 충고를 하기보다 열정적으로 춤추는 사람들을 보면 공부 열심히 하고 있다는 격려를 해주어야 한다.

세상의 다른 모든 일들에서도 그렇듯이 편견은 모든 분야의 발전을 가로막는 가장 큰 걸림돌이다.

낭만적인 서재를 꿈꾼다

1

2014년 여름에 공연을 위해 프랑스 몽펠리에를 방문했다. 차례가 되어 공연장 대기실을 지나 무대 뒤편으로 가서 대기하고 있었다. 공연을 기다리고 있는 무대 뒤편은 특히나 어둡다. 그런데 그곳에서 자그마한 빛이 보였다. 누군가 무대 뒤편에서 최대한 공연에 방해되지 않게 손전등을 비춰 책을 읽고 있었다. 그 모습이 너무나 아름다웠다. 나는 그 상황에 대해 호기심이 생겨 부족한 영어로 물어보았다. 그는 무대 스태프로 그 날 아르바이트를 하러 왔다고 했다. 그가 읽고 있던 책은 레닌의 〈자본론〉이었다. 나는 당연히 놀랐다. 레닌과 상관없어 보이는 장소에서 레닌을 읽고 있다니…

공연이 끝나고 우린 어색한 영어로 대화를 이어갔다. 확실치는 않지만 그는 프랑스 4 대학에서 연극을 전공한다고 했다. 〈자본론〉을 읽는 이유는 우리가 왜 이렇게 살게 됐는지, 사회구조를 알고 싶어서라고 했다. 그런 그의 모습에 공감도 하고 자극도 받았다. 이상하게도 독서는 매력적이어서 아름답고 섹시하다. 그리고 프랑스의 예술이 왜 넓고 깊은지 어렴풋이 알 수 있을 것 같았다.

2

책은 읽으면 읽을수록 더 많이 읽게 된다. 그러나 모르는 것은 훨씬 더 많아진다. 읽으면 읽을수록 부족하고 알면 알수록 모르는 것이 많으니 아직 읽어야 할 책들이 많다.

3

돈은 순간에 쌓일 수 있지만, 지식은 순간에 쌓을 수 없다.

4

책 읽기도 좋아하지만 책 자체를 살펴보는 것도 좋아한다. 그냥 책의 모양과 부피, 냄새 자체를 좋아한다. 종이 냄새와 손에 느껴지는 한 장 한 장의 부피감이 나를 은은한 설렘과 독서에 대한 환상으로 다가서게 한다.

사람들은 대부분 나만의 방을 갖고 싶어 한다. 나 역시 나만의 방을 원한다. 잠자는 방에는 그리 신경 쓰는 편은 아니어서, 그저 누워 잠들 공간만 있다면 대만족이다. 조금 욕심을 부린다면 몸을 움직이는 직업을 갖고 있기 때문에 누웠을 때 가장 편안하고 안락했으면 좋겠다는 생각은 한다. 단순하고 편안한 방이면 된다.

하지만 유독 꾸미고 멋을 내고 싶은 곳이 있다면 바로 서재다. 읽고 싶은 책들을 가득 쌓아 놓을 서재는 아직까지 희망으로 남아 있다. 나만의 서재가 있으면 하는 것이 유일한 바람이기도 하다.

책과 관련된 목표는 완독한 책 500권을 모으는 것이다. 책을 읽으면서 그때그때 생각나는 것을 책에 메모하는 습관이 있다. 수년 전에 읽었던 책을 펼쳐보면 내용은 생각나지 않아도 그때의 생각을 살펴볼 수 있어 일기장을 보는 것과는 또 다른 느낌을 얻을 수 있다. 내가 그때 이런 생각을 하고 있었구나, 어떨 때는 유치하고 어떨 때는 기특하기도 하다. 내가 그런 생각을 다 했구나 하고 말이다. 그런데 대부분 유치한 경우가 많다. 때론 그 당시 적혀 있는 글로 인해 많은 아이디어를 얻어 새로운 글을 쓰기도 하고 작품을 창작할 때도 있다. 하지만 무엇보다도 삶에 생기를 불어넣어줄 때가 많다. 부족했던 자신감을 높여주고 넘쳐나던 거만을 걸러주어 내 자신을 다시 곧게 설 수 있도록 한다.

가끔은 이런 생각을 한다. 내가 결혼을 해서 자식을 낳고 커서 글을 읽을 수 있을 때쯤 그 아이가 서재에서 내가 읽었던 책을 꺼내 보다가 내 생각들을 나열해 놓은 글들을 읽게 된다면 어떨까. 어떤 글은 내가 젊었을 때이고 또는 어렸을 때 또는 현재와 가까운 시기에 읽은 책에 생각들을 나열한 글들을 보고 미래의 내 아이가 느끼는 감정은 상상만 해도 흐뭇하다. 나에게는 과거가 되어버린 책 속에서 그때의 내 생각들과 대화하는 내 아이의 모습, 생각만 해도 흥분과 야릇한 설렘을 준다.

내 서재는 되도록 어둡지 않았으면 한다. 지금의 내 방은 태양이 희미하게 비쳐 항상 어두운 편이다. 물론 지하는 아니다. 글을 쓸 때도 어둠 때문에 우울한 글을 쓰고 우울할 때가 많다. 독서를 할 때도 우울할 때가 있어 어두운 느낌으로 이해할 때가 있다. 역시 환경이 많은 영향을 끼치는 것 같다.

봄날이나 가을날, 날씨가 좋을수록 내 방안은 우울하다. 그래서 자주 집 옥상에 올라 태양빛을 쬐며 기분전환을 한다. 하지만 비가 오거나 날씨가 어두울 때 내 방은 화창하다. 그럴 때는 내 방이 최고다. 한 가지 아쉬운 점은 창이 베란다와 연결되어 있어 밤하늘의 별을 보지 못한다. 그래서인지 나는 더욱 낭만적인 서재를 꿈꾸게 되었다.

혹시 부자가 된다면 제일 먼저 잘 정리된 서재를 갖고 싶다. 벽을 둘러싸고 있는 책꽂이에 가득 찬 책들은 그윽한 책 향기를 내뿜고, 가끔 읽었던 책들을 들춰보며 추억에 젖어보는 재미는 얼마나 새로울까. 춤에 빠져 있는 시간 외에는 이런 공상에 빠져들며 온종일 서재에서 보낼 수 있는 삶의 여유도 갖고 싶다.

내가 희망하는 서재의 책상은 절대 창문과 등지게 놓지 않을 것이다. 책상에 앉으면 넓은 창문 밖의 경치를 바라보며 생각에 빠져들고 싶다. 비가 오든, 눈이 오든, 날씨가 좋든, 좋지 않든 경치를 한눈에 보고 느끼고 싶다. 날씨가 허락한다면 창문도 활짝 열어 놓고 화창하게 피어나는 봄의 소리와 여물게 익어가는 가을의 소리를 생생하게 듣고 싶다. 이렇듯 낮에는 화창함을 느끼고 밤에는 별을 보며 글을 쓰거나 책을 읽고 싶다. 마음 부자가 되기 위해 나만의 서재를 갖고 싶다. TV나 담배는 절대 금지다. 하지만 라디오와 음악, 술은 대환영이다. 달과 별을 보며 책들에 취해 여유롭게 술을 마시는 낭만은 진짜 행복일 것이다.

파괴와 생성을 위한 게릴라 공연

2006년인가 한 신문사가 주최·주관하는 저명한 무용 콩쿠르가 열리던 장소에서 깜짝 게릴라 쇼를 한 적이 있다. 이유인즉슨 그 당시 나는 대학의 무용학과를 막 졸업하던 시기였는데, 무용교육을 받으면서 자신의 춤을 개발하는 것보다 무용 콩쿠르에 심각하게 기대어 상을 타려고 기계적인 춤을 추는 현상에 좋지 않은 인상을 받았다. 특히나 그 신문사가 주관하는 콩쿠르에서 1등을 하게 되면 남자무용수는 군대 면제였고, 사람들에게 인정받고 무용계의 일약 스타가 되어 공연과 레슨을 통해 돈도 많이 벌게 되는 그런 저력을 가진 대회였다. 당연히 나도 몇 번인가 출전했다. 그런데 나는 그런 것들을 원하였기보다는 내가 추는 힙합춤을 예술춤으로 인정받고 싶었던 것이 가장 컸던 것 같다.

그래서 현대무용 부문에 힙합춤으로 작품을 안무하고 출전하여 사람들에게 비웃음을 받기도 하였지만, 나는 나름대로 떳떳했다. 저명한 콩쿠르에 그동안 존재했던 춤을 넘어 이례적인 내 춤으로 도전하여 새로움을 제시한다는 목표가 있었기 때문이었다. 비록 획기적인 결실은 못 보았지만 무용 콩쿠르의 경험과 춤에 대한 새로운 시각과 깨달음을 얻을 수 있었다.

순수무용 전문가들은 대부분 무용 콩쿠르에 대해 긍정적인 요소와 부정적인 요소를 들고 있다. 대략 긍정적인 요소로는 무용 테크닉 발전과 저변확대를 넓힐 수 있는 요소가 있다. 반면, 콩쿠르 참가나 입상 후, 춤을 추지 않거나, 콩쿠르 기준의 테크닉에 의존하다 보니 춤이 기계적으로 습관화되어 작품창작에 있어 독창성과 예술성이 저하된다는 부정적인 요소도 있다.

그러나 나는 이러한 요소보다는 춤 예술가로서의 본질에 의해, 그러니까 그 본질은 자기만의 춤 언어를 만들어 보여주려고 콩쿠르에 나가는 것이 아니라, 콩쿠르에 나가기 위해 춤을 추는 것에 부정적인 견해를 가지고 있었다. 또한 항상 같은 방식의 춤이 반복된다는 것이 현대무용과 예술을 사랑하는 나로서는 이해할 수 없었다.

나는 그러한 것에 대해 나의 생각만으로 그치고 싶지 않았다. 그 당시 젊은 에너지와 호기가 넘쳤기 때문에 앞뒤 안 가리고 어떤 식으로든 내세우고 싶었다. 나에게 예술사에서 커다란 영감을 준 것이 바로 '인상주의'였다. 고전적인 그림의 틀을 벗어나 새로운 그림을 제시한 점이 나에게 매력으로 다가왔다.

인상주의 화가들은 그 당시에 인정받지 못했지만 열정과 노력 끝에 예술사에서 빼놓을 수 없는 획기적인 업적을 쌓았던 것이 용기를 주었다. 그 당시 프랑스에서 화가로서 인정받기 위해서는 살롱에 그림이 전시되어 입상하는 것이 관례였다. 그런데 인상주의 화가들은 살롱전에 그림이 전시도 되기 전에 낙선된 것이다. 그것도 한두 번도 아니고 작품을 출품할 때마다 전시에 떨어지니 그들로서는 현실의 고정된 관념이 가장 높은 벽이었던 것이다.

그들은 자신들의 언어로 만든 새로운 그림에 자신 있었고 보여주고 싶었던 것이다. 이것은 예술가라면 누구나 공감할 것이다. 그래서 그들이 고민한 끝에 생각해 낸 것이 떨어진 작품을 모아 작품전을 따로 열자는 것이었다. 처음에는 관람객도 없이 싸늘한 전시회가 되었고 미술 전문가들에게 줄줄이 악평을 받았다. 여기서 알 수 있듯이 인상주의라는 용어도 그들을 조롱하기 위해 만들어진 것이다. 그런데도 그들은 꺾이지 않고 그들만의 그림을 주장하여 결국에는 세계 미술계에 획을 긋는 업적을 남기게 된 것이다. 바로 그 업적을 남기기 시작한 곳이 떨어진 작품을 모아 전시한 '낙선전'이다.

나는 그들의 낙선전에서 영감을 받아 공연을 기획했다. 바로 그 유명한 신문사가 주관하는 콩쿠르에서 떨어진 작품들을 모아 '안티○○ 콩쿠르'를 만들자는 기획이었다. 물론 투자자도 전혀 없이 내가 이제껏 춤춰서 모은 돈으로 모든 공연비용을 해결하기로 했다. 그로 인해 몇 개월 동안 쫄쫄 굶게 된 건 당연했다.

그런데 공연을 시작하기 전부터 문제점이 하나둘씩 발생하기 시작했다. 제일 직접적인 것은 출연자들이었다. 콩쿠르 예선전을 관람 후, 떨어졌지만 특이하거나 잘한 무용수들을 찾아가 공연기획과 의도를 설명하고 출연하지 않겠느냐고 의향을 물으니 모두 고개를 가로젓는 것이었다. 물론 적지만 출연료도 제시했다. 그런데도 출연을 고민하는 것은 자신의 춤보다는 누구한테 혼난다는 것이었다.

바로 자신의 교수님한테 혼난다는 이유로 대부분 거절하는 것이었다. 황당한 일이었다. 그들은 대부분이 졸업생들이었는데 왜 교수님에게 혼나기 때문에 출연을 못 한다는 것인지. 나는 어이가 없어 황당하기만 했다. 자신의 춤은 뒤로 하고 은사의 눈치 때문에 공연을 못 하겠다니…

쉽게 포기할 수는 없었다. 수소문 끝에 의식이 열린 무용수를 찾아 제의하고 공연할 수 있는 만큼의 출연자들을 확보하여 공연을 진행할 수 있게 되었다.

하지만 또 다른 문제가 발생했다. 공연을 알리는 일이었다. 홍보할 돈은 없고 뭔가 단칼에 효과를 볼 수 있는 홍보 방법이 필요했다. 고민 끝에 내 의도에 잘 들어맞는 방식을 찾게 되었다. 그런데 위험 부담이 너무 크다는 것이 문제이기는 했어도 해볼 만한 것이었다. 바로 콩쿠르 본선이 있는 날 게릴라 공연을 하면서 춤에 관한 나의 견해도 내보이고 공연홍보도 하자는 계획이었다.

콩쿠르 본선은 세종문화회관 대극장에서 진행되었다. 그날 나는 설치미술가 한 명과 힙합춤계의 유명하고 강단있는 댄서 몇 명과 의식 있고 대범한 현대무용수 몇 명과 함께 거사를 치르기로 했다. 세종문화회관에 들어섰을 때 그 거대하고 웅장한 규모에 압도되었지만, 우린 예술계의 혁신을 몰고 올 것이라는 신념으로 기를 한껏 더 부풀려 자신감을 가다듬고 거사를 시작하기 위해 장소를 물색했다. 딱 좋은 곳이 발견되었다. 바로 1층 로비에 있는 백남준의 비디오아트 작품인 〈호랑이는 살아있다〉 앞에서 실행하기로 한 것이다. 백남준의 재치와 예술의 업적을 존경하던 나에게 그곳은 예술의 혁신을 거행하기에 적격이라고 판단했다.

일단 거사가 시작되기 전에 게릴라 공연 〈파괴와 생성〉에 대한 소개가 필요할 것 같다. 작품 의도는 무용 콩쿠르에 매달리는 무용수들에게 예술에 대한 고정관념과 틀에서 벗어나 자유롭게 춤추고 자신을 표현하라는 '깨움'과 '열림'을 제시하고 싶었다. 특히 새로움이 있으려면 파괴가 있어야 한다는 니체의 철학에 힘입어 〈파괴와 생성〉이라는 제목을 붙였다.

공연 소품은 파괴와 생성이라고 쓰인 가로세로 1미터 가량의 현수막과 석고상, 망치 그리고 생크림이었다. 공연순서는 현수막을 펼치며 공연이 시작된다는 외침과 함께 힙합춤꾼들이 움직임 표현으로 개 흉내를 내며 로비 근처를 걸은 뒤에 석고상에 절을 한다. 그리고 의식이 정체되어 있는 제도권에 대한 저항의 표현으로 생크림을 석고상에 뿌리고 키스한 후 망치로 석고상을 깨는 것이었다. 무엇보다 공연을 마친 후, 소품을 정리해서 재빨리 그곳을 빠져나가는 것이 문제였다. 대략 2분을 예상했는데, 경비원이 오기 전에 공연을 마무리하고 빠져나가는 것이 원래의 계획이었다.

역시 생각과 실천은 전혀 다르게 진행되었다. 거사가 시작되고, 머리를 풀어헤친 야성미가 넘치는 힙합춤꾼이 현수막을 펼친다. 나는 "파괴와 생성, 여기서 우리는 시작한다"라고 우렁차게 외쳤다. 주변 사람들과 경비원들이 갑자기 몰려들기 시작했다. 계획대로 진행되는가 싶었는데 공연무대가 확실치 않아서인지 우왕좌왕하는 로비의 사람들과 공연자들이 초반부터 뒤엉키기 시작했다. 하지만 꿋꿋이 예정대로 진행을 했다. 짜릿한 희열은 물론 재미가 있었다. 어쨌든 시작은 되었으니, 용기를 갖고 생크림과 망치를 들고 석고상에 다가섰다. 그 순간 경비원들이 몰려왔다. 경비원들이 몰려올 경우 미리 배치해 놓은 여자 무용수들이 그들을 저지할 계획이었다. 하지만 아쉽게도 두 명의 무용수는 5초도 버티지 못했고 저지선은 뚫리고 말았다. 경비원들은 망치를 든 내 손을 잡으며 무슨 짓이냐고 화를 냈고, 나는 예술을 하는 것이라고 나름대로 통사정을 했다. 관객들은 수군거리며 우리보고 미쳤다고 했다. 어디선가 독특하다, 재미있다는 얘기가 들려오기도 했지만 결국 우리는 경비원들과 경찰에게 떠밀려 극장 밖으로 쫓겨났다. 정문 앞에서 공연을 끝까지 마무리하려다 거기에서마저 저지당해 좀 더 먼 버스 정류장 앞에서 어찌 됐든 공연을 마무리했다. 고맙게도 어느 예고 학생들이 얼굴에 호기심과 미소를 띠며 끝까지 관람해 준 것이 무척이나 고마웠다.

하지만 그것으로 모든 일들이 순조롭게 끝난 것은 아니었다. 공연 후가 더욱더 소란스러웠다. 무용계의 선생님들로부터 전화가 빗발쳤던 것이다. 받자마자 자초지종도 묻지 않고 '이 미친놈아!', '넌 끝났어', '죽고 싶어'라는 소리부터 시작하는 것이었다. 나를 걱정하기보다 그들의 신변에 불이익이 갈까 봐 노심초사한다는 것으로 느껴졌다. 물론 내가 기획한 공연도 못 하게 하려는 전화도 빗발쳤다. 내가 내 돈 주고 공연한다는데 왜 이리 간섭인가! 라고 한탄도 했지만, 그들의 적대심은 힘없는 나로서는 감당하기 힘들었다. 분하고 서글펐다. 그때 깨달았다. 누구나 그렇듯이 유치하지만, 잘 나가고 그들보다 똑똑해지자, 두 주먹을 불끈 쥐며 복수를 다짐했다. 그날 이후로 달라지기로 마음먹었다. 복수가 아니라 배려다. 내 후배와 제자들에게는 예술로써 좀 더 열린 자세로 다가서야겠다는 배려와 함께 다양한 도전에 응원해 줘야겠다는 그런 것들이었다.

공연은 하지 못하는 줄 알았지만, 극장 관계자가 새롭게 제안한 제목과 의도를 부드럽게 수정하자는 것을 받아들여 공연도 할 수 있게 되었다. 어쨌든 공연은 시작되었다. 많은 어려움과 시련은 있었지만 관객석은 가득 찼다. 너무 많아서 객석에 못 들어온 관객도 있었다. 공연이 끝나고 성취감에 눈물을 흘렸다. 끝나고 나서는 나에게 적대감을 보이던 분들도 호의를 보이기 시작하며 관계가 조금은 호전되었다. 힘들었지만 어떻게든 강행하고 나니 그 모든 것이 추억이 되고 잊을 수 없는 소중한 경험이 되었다. 하지만 아쉬운 점은 그 후로는 자금이 부족해 공연을 지속적으로 열지 못한다는 것이었다. 만약 좋은 투자자를 만나 공연을 지속했다면 우리나라에 새로운 춤바람을 일으킬 수도 있었을 것이라고 생각한다. 인상주의의 낙선전을 통해 세상에 새로운 그림을 제시했던 것처럼.

그때 목숨을 걸고 도와줬던 현대무용수 주리와 나예에게 진심으로 감사드린다. 설치미술가 형에게도 감사드리며, 힙합춤꾼인 넙치와 덕셔에게 매우 감사드린다. 그들에게 축복이 있기를…!

힙합 안무가 '전나마'

2010년의 10월. 그가 세상을 떠난 지 벌써 5년이나 되었다(이 글은 2015년 10월에 전나마 추모를 위해 인터넷에 올린 글을 수정한 것이다). 쌍꺼풀 없는 작은 눈과 눈웃음, 재치와 유머, 어딘지 모르게 부끄럽고 매력적이게 춤을 추던 그의 모습이 아직도 가슴속에 그리움으로 남아 있다.

힙합 안무가 '전나마', 이제는 하늘나라에서 신들과 함께 춤을 추고 있을 그가 생각난다. 그는 내가 아는 한 힙합 역사상 전대미문의 안무가이며, 한국 힙합계에서 가장 진보적인 이상을 품고 있던 댄서였다. 불의의 사고로 서른한 살이라는 젊은 나이에 고인이 되었지만, 그의 안무 유작은 지금도 공연되고 있으며, 그가 품고 있던 춤의 정신과 형식은 여전히 이어지고 있다. 이제는 많은 사람들이 알고 있는 〈비보이를 사랑한 발레리나〉의 초기 원작이 그의 안무로 구성된 작품이다.

1974년에 태어나 2005년까지 살았던 그는 중앙대학교 경제학과 2학년 때 스트릿 댄스에 매료되어, 인생의 새로운 전환기를 맞이하게 된다. 학교를 자퇴한 그는 '서태지 아이들'의 이주노를 만나 자신의 기량을 닦으면서 점차 춤으로 인정받기 시작했다.

1998년 이주노는 한국 최초로 힙합 전문 댄스팀인(무용으로 말하자면 직업무용단이다) '댄스팀 고릴라'를 결성하여 스트릿 댄스를 대중매체에 소개하기 시작한다. 전나마가 이 팀의 리더를 맡았다. 그 당시 희소성을 갖춘 '프리스타일 댄스팀 고릴라'을 이끌며 다양한 성격과 색깔을 지닌 힙합을 소개하여 댄스계에 이슈가 된다.

당시의 직업 댄스팀은 비보이나 힙합(뉴 스타일 댄스) 또는 팝핀 등 장르별로 나누어져 분절성을 갖는 전문팀이 주류를 이루고 있었다. 현재에도 대부분은 이런 형태의 전문팀이 주를 이루고 있다. 순수무용과 비교하자면 한국무용단, 현대무용단, 발레단과 같이 개별 형식을 띤 무용단이다. 이렇듯 다양하고 특이한 색깔을 지닌 팀을 이주노라는 힙합계의 대부가 이끌면서 대중과 댄서들에게 힙합의 새로운 비전을 제시했다.

창단 멤버는 리더인 전나마와 부 리더 팝핀현준, 이우재, 하휘동(댄싱9 MVP), 한상민 이렇게 5명이었으며, 공연과 각종 매체를 통해 각자의 능력을 알림으로써 전문 힙합인들과 대중으로부터 명성을 얻었다.

댄스팀 고릴라는 1998~2000년 사이에 가장 왕성하게 활동했으며, 현재 현역에서 활동 중인 댄서들 중에는 고릴라 팀의 영향을 받은 댄서들도 적지 않다. 전나마를 중심으로 많은 후배들이 모여들었고 제자들도 양성했다. 또한 공연에 대한 개념이 명확하지 않던 시절, 공동으로 춤에 관련된 엔터테인먼트 회사를 차려 국내 최초로 힙합대회 및 공연 형식의 행사를 개최해 힙합인들에게 공연과 대회에 관한 인식을 명확하게 정착시켰다. 이러한 과정을 통해 댄스팀 간의 공연을 교류할 수 있는 공간을 마련할 수 있었고, 안무 작품에 대한 판단 기준을 만들고 경쟁을 통한 안무의 질적 발전에도 기여했다. 최초의 힙합공연은 2000년 압구정 로데오 거리에 무대를 설치하고 시작한 '댄스필드'였다. 그 후로 한국 댄스계에서 널리 알려진 '비보이 유닛' 대회 역시 전나마의 도움이 컸다.

전나마는 자비를 들여 세계의 스트릿 댄스계의 선구자들을 초빙하여 그들로부터 힙합의 정통성을 배우고 이질적인 면을 분석하고 한국 신체에 맞는 새로운 안무 창작에 몰두했다. 또한 스트릿 댄스에 나타난 기술적인 측면에만 머물지 않고, 순수무용에서 나타나는 극적 형식을 바탕으로 미학과 철학에 기반을 두어 작품을 발전시키려고 노력했다. 국내 최초로 스트릿 댄스에 작품의 줄거리와 그에 관련된 의도를 제시하여 힙합에 예술성을 결합하기 시작한다. 지금의 관점으로는 당연하고 흔한 일이지만 그 당시만 해도 획기적인 일이었다.

이러한 활동으로 2004년 백제 예술대학 '실용댄스학과'에 겸임교수로 재직하면서 교육과 학문에도 정진하면서 다재다능한 재능을 보였다. 2005년 넌버벌 퍼포먼스 '프리즈'는 이러한 새로운 시도를 통해 만들어진 작품이다. 프리즈는 비록 안무에서는 미숙한 면이 보였지만, 무용극과 댄스컬의 요소들을 혼합한 스트릿 댄스가 공연예술로 발전할 수 있는 가능성을 보여주었다. 당시 프리즈에서 활동하던 고릴라 팀의 댄서들을 주축으로 기존 안무를 업그레이드시켜 만든 작품이 바로 〈비보이를 사랑한 발레리나(이하 비사발)〉다. 이렇듯 프리즈 작품은 비사발 작품의 효시라고 할 수 있다.

처음에는 미흡한 작품성과 대중적인 홍보 등이 미약하여 큰 성공은 거두지 못했지만, 점차 공연 전문가들의 관심을 끌게 되면서 힙합을 거리문화에서 공연문화로 정착시키기 시작했다. 그와 더불어 그는 무대에서 이루어지는 예술과 미학적인 측면까지 고려하여 스트릿 댄스의 기술적인 동작에 표현력을 접목시키기 위해 노력했다. 그 외에도 춤꾼들의 공연무대뿐만 아니라 문화적으로 인정받으며 활동할 수 있도록 사회적인 인식 변화에도 힘썼다.

그는 2005년 부산 국제 영화제에서 초청 공연을 하기 위해 백제예술대학에서 수업을 마치고 부산으로 가던 도중에 불의의 교통사고를 당했다. 너무나 별안간 일어난 일이어서 모두들 슬퍼할 겨를도 없었다. 그의 죽음은 주변인들에게 아픔을 주었을 뿐만 아니라 힙합계의 질적인 변화에도 커다란 영향을 끼쳤다.

댄서들은 홍대의 비보이 전용극장에 모여 그를 추모하는 공연을 펼쳤다. 당시 공연장에는 너무 많은 관객이 몰려 객석에 들어오지 못한 사람들은 로비에서 VTR로 시청해야 할 정도였다. 그동안 그가 애정을 갖고 이끌어온 힙합의 발전에 대한 공로를 기리기 위한 그 공연은 댄서들이 그에게 존경을 보여주는 행사였다. 지금도 매년 '고릴라 크루'는 나마 형의 추모공연을 열고 있다. 나도 출연하여 그를 회상하며 짧지만 굵은 그의 업적을 되새기며 공연하고 있다.

나마 형의 죽음은 나에게도 너무나 큰 충격이었다. 지금까지도 그 아픔에서 벗어나기 힘들다. 그 사건으로 인해 나의 춤에도 타격을 받아, 앞으로 어떤 길로 가야 할지 방황한 적이 있다. 나마 형과 함께 춤과 미래에 대해 자주 이야기를 나누었고 나아갈 길을 모색했는데 그런 소중한 대화 상대가 없어졌기 때문이었다.

2005년 12월에 홍대 인근에 비보이 전용극장이 정식으로 설립되었다. 이 극장에서 '댄스팀 고릴라'와 후배 댄서들이 전나마의 유작 안무를 이어받아 '비사발'을 다듬어 공연계에 이변을 일으켰다. 비사발은 안타깝게도 저작권 분쟁으로 인해 아픔을 겪기도 했지만, 매일 매진을 기록하며 대형 뮤지컬과 어깨를 나란히 했다. 국내 최초의 힙합 창작공연이라는 의미와 작품의 완성도로 인해 비사발은 국내외의 공연 매니지먼트사들과 함께 활발한 활동을 펼쳤다.

발레와 현대무용 그리고 스트릿 댄스의 모든 면을 접목한 이 공연은 무용수와 관객 간의 괴리감을 허물고 관객과 호흡하며 즐거움을 나눌 수 있는 공연예술로 발전했다. 전나마는 예술성을 앞세운 순수무용 공연이 의미 전달의 문제로 인해 관객들과 멀어지고 있다는 것에 착안하여 그와는 다른 형식을 추구하려 했다. 그는 댄서의 화려한 움직임과 다양한 표현 형식을 통해 관객에게 즐거움과 카타르시스를 안겨주는 공연예술로 발전시키는 것을 이상적인 목표로 삼으려 했다. 2005년 프리즈와 비사발에서 그러한 노력의 자취를 발견할 수 있었다. 그런 그의 목표를 고릴라 팀원들과 후배들이 고스란히 이어받아 비사발을 완성하고 그의 이상에 조금씩 접근하고 있는 것만 같아 뿌듯하다. 만약 그가 살아있었다면 스트릿 댄스가 여러 미학과 철학적인 요소를 접목해 새로운 공연예술로 내디딜 수 있는 변화를 빠르게 맞이할 수 있었을 것이다. 그를 통해 우리가 꿈꾸는 힙합은 그야말로 예술성과 대중성이 어우러진 공연예술로 발전하여 대중과 전문인 모두 공감할 수 있는 독창적인 문화로 성장했을 것이다.

또한 한국 스트릿 댄스 협회의 결성을 추진했던 그는 사단법인의 승인을 받고 회원증까지 준비하고 있던 중이었다. 안타깝게도 그의 사후에 이권을 차지하기 위해 사업가와 댄서들이 협회 이사권을 두고 다투는 바람에, 소수의 이익을 대변하는 오리무중 협회가 되고 말았다.

전나마는 무용의 신 니진스키가 그랬듯이 약 10년이라는 짧은 기간 동안 활동을 했을 뿐이지만 그의 이상과 목표는 남다른 업적을 남겼다. 그는 춤도 잘 췄을 뿐만 아니라 머리도 총명하여 재능과 능력을 두루 갖춘 안무자이며 댄서이자 교육자였다.

당시의 시대 상황에 비추어 보자면 특별한 안무가이자 춤꾼이며 교육자였다. 내가 지금 춤을 추고 활동하는 것에도 그에게 받은 영향을 무시할 수 없다. 그의 영향으로 24살이라는 비교적 늦은 나이에 대학교 무용과에 입학하여 전문적으로 공부하게 된 것은 특별한 기억으로 남아 있다. 그로 인해 힙합과 관련된 교육과 예술 그리고 학문의 발전을 위해 춤과 공부를 병행하고 지속해서 노력하고 있다.

몸으로 춤을 추되 머리도 춤을 춰야 한다는 것은 그를 보고 배운 점이다!

마지막으로 전나마를 기억하며 언젠가는 우리들 중 누군가가 더욱더 큰 이상을 품고 사람들에게 감동과 희망을 주는 예술과 문화를 지향했으면 한다. 그리고 댄서, 안무가, 교육자, 학자로서도 활발히 활동하며 한국을 넘어 세계에 특별한 업적을 남길 수 있기를 희망한다.

왼쪽부터 한상민, 이우재, 팝핀현준, 리더 전나마, 하휘동

II

춤추는
생각

힙합춤과 순수무용의 비교

나는 왜 힙합춤과 순수무용을 비교하는가? 몇 가지 이유가 있다.

우선 나 자신이 힙합을 직업으로, 무용을 학업으로 삼고 있기 때문이다. 물론 두 춤의 공연도 하고 있다. 그럴 수 있는 이유는 무대에서 모두 같은 춤이기 때문이다. 두 춤이 같다는 이유에 있어 틀린 것은 없으며 다만 다른 것이 있을 뿐이다.

개인적인 이유가 있다면, 내가 자극을 좋아하기 때문이다. 자극은 극단을 추구하고 그러한 극단은 다시 자극을 이끌어낸다. 극단적인 자극은 능동적인 행동을 추진한다. 특히 비난에 의한 분노는 사람을 매우 활동적인 행동을 하도록 만든다. 예를 들어, 복수를 생각하면 된다. 그것이 긍정적 자극에 대한 반응이든, 부정적 자극에 대한 반응이든 최소한 서로에 대해 무관심하게 만들지는 않는다.

사람을 가장 외롭고 힘들게 만드는 것은 무관심이다. 무관심은 자극에 의해 극복할 수 있다. 긍정적이든 부정적이든 일정한 반응을 이끌어내는 자극은 모두 사람들의 관심을 집중시킨다. 극단적인 생각이지만, 자극적인 언어는 글을 읽는데 있어 집중력을 이끌어내기도 한다. 때론 깊이 있고 교양 있지만 무척 지루한 말보다 현명한 욕 한마디가 주는 자극이 사람을 더 집중시킬 때가 있다.

상대방이 누구냐에 따라 다르기는 하겠지만, 사람들은 본능적으로 이러한 자극을 제공해주는 상대를 원하게 된다. 홀로 살아갈 수 없기 때문이다. 반면에 더불어 사는 것도 어렵다. 인간은 본능적으로 누구를 위하기보다 타인으로부터 무엇인가를 얻고 싶어 하며, 자신의 쾌락을 위한 일은 무엇이든 하고 싶어 한다. 현실적으로 더불어 산다는 것은 서로 욕망하고 경쟁하고 자극하는 일이다. 그래서 삶은 투쟁이라고 말하기도 하며 이것이 더불어 사는 삶의 근간이기도 하다.

경쟁과 투쟁 그리고 그로 인한 자극은 인간을 빠르게 발전할수 있도록 이끈다. 비교에 의한 자극은 특히 예술가에게는 창조의 지름길이 되기도 한다. 스웨덴의 작가 아우구스트 스트린드베리의 작품 〈꿈의 연극〉에서 인드라의 딸은 "서로 다른 둘 사이의 다툼은 힘을 만들어. 불과 물이 증기를 만드는 것처럼."이라고 말한다.

이처럼 경쟁과 적과의 다툼은 최소한의 동인을 생성하며, 예술에서는 무한한 자극이 창조의 기반이 될 수 있다. 앙토넹 아르토가 자신의 잔혹극에서 '잔혹'에 의해 생각이 창조로 발전한다고 했듯이, '잔혹'은 곧 '자극'이 되어 사상이 발전하고 창조로 이어지게 된다.

이러한 자극을 힙합의 삶 속에서 주거니 받거니 하는 대상이 바로 순수무용이다. 홀로 발전하기보다는 좋게는 경쟁상대, 나쁘게는 적, 복수의 힘 등이 이것을 뒷받침해주기 때문이다. 힙합은 홀로 예술의 삶에 들어가기에는 너무 젊고 외롭기 때문이며, 무용은 홀로 예술의 현대화를 시도하기에는 너무 늦었기 때문이다.

이렇듯 무용은 힙합과 동일한 육체의 표현이지만 전혀 다른 사회적 가치를 부여받고 있는 예술이다. 힙합은 이러한 무용으로부터 예술적인 자극을 받고, 신선한 자극을 되돌려 주기 위해 무용을 택하게 된 것이다.

두 장르의 관계가 적대적이든 상호보완적이든 상관없이 육체의 표현 예술로써 정반합을 통해 지향성을 지니게 될 수 있을 것이다. 실례로 현대무용은 그 초창기에 발레에 대한 적대적인 관계에서 탄생했으며 발전을 이루었다. 초창기에는 발레가 현대무용을 좋게만 보지는 않았을 것이다. 그러나 20세기 초엽 현대무용의 예술적 가치가 널리 인정받고 순수예술로 인정받게 된 사실은 주목할 만하다. 처음에는 두 춤이 서로 상충했지만 결국에는 상생하게 되었으며 현재에는 상호보완적인 발전 관계가 형성되었다. 이처럼 초기 단계에 있는 힙합 역시 무용을 자극적 비교의 대상으로 삼고 있는 것이다.

한국의 춤 예술은 세계적인가?

1

나는 예술인으로서 언제나 함석헌 선생님의 말씀을 마음속 깊이 새겨두고 있다. 내가 작품을 창작하면서 또한 글을 쓰면서 언제나 선생님의 말씀인 "정치, 문화, 예술 등 세계에 내세울 만한 것이 없으며, 있다 해도 세계에 영향을 줘 변화시킨 것이 없다"는 것에 나 자신 또한 분발해야 한다고 생각했으며, 그 말이 틀렸다는 것을 증명하고 싶었다. 우선 한국의 무용역사와 예술을 고찰해 보면서 세계에 내세울 것이 있는지 찾아보았다. 물론 자랑할 만한 것은 있다. 하지만 있다 해도 아직까지는 안타깝게도 변화를 준 것은 없는 것으로 보인다. 그래서 한국의 예술이 영향을 받았던 문화에 다른 형태로 영향을 주었던 것은 있었는지 다시

한 번 고민하게 되었다.

　그렇게 해서 백남준을 만나게 되었다. 백남준은 세계 예술역사에 남은 위대한 인물이다. 하지만 그는 한국의 문화가 아닌 서양의 문화를 바탕으로 발전시켜 영향을 끼친 인물이다. 그가 한국에서 태어나 살면서 교육을 받았다면 그런 인물이 되기 힘들었을 것이라는 글을 읽었던 적이 있다. 그가 일본과 서양에서 문화를 이해하고 받아들였기에 그들의 문화를 발전시키고 영향을 미칠 수 있었다는 것이다. 백남준이 한국인으로서 세계에 커다란 영향을 끼친 인물이라 점은 분명하다. 하지만 한국적인 문화와 민족성이 담긴 예술로는 아쉽다는 생각이 든다.

　20세기에 한국에서만 교육을 받고 한국에서 활동하여 세계역사에 남은 인물을 찾을 수 없다는 것이 안타까웠다. 내가 지식이 부족해서인지, 자료가 부족해서인지, 한국인으로서 세계적인 예술인으로 거듭난 사람들 대부분이 외국에서 공부했다는 공통점이 있었다.

　한국의 예술 분야들 중에서 참으로 위대한 것이 있다. 바로 문학이다. 한국인의 문학만큼 훌륭하고 위대한 것은 없다. 우리의 고난과 슬픔, 기쁨 등의 모든 희로애락과 민족성이 담겨 있기 때문이다. 나는 한국문학이 그 어떤 노벨문학상 수상작품보다 뛰어나다고 생각한다. 한국의 언어 표현은 매우 다양하고 풍부하고 기발하고 감칠맛 나기 때문에 외국어로 번역하기에는 너무나 어려운 점이 많다. 특히 시(詩)를 외국어로 번역하기는 불가능하다고 생각한다. 시는 한국 시가 최고이며 그 언어의 맛을 따라갈 수 없다고 생각하지만, 서양의 시 역시 한국어로 번역하는 것은 불가능하지 않을까.

현재 국내에서 공연예술을 이끌고 가고 있는 주역은 연극과 뮤지컬이다. 연극은 오랫동안 대중과의 괴리감을 좁히기 위해 노력해 왔다. 연극은 대중에게 좀 더 가까이 다가설 수 있도록 코믹성과 오락성을 높여 대중에게 관심을 끌기 시작했다. 현재에는 대학로에서 장기간 인기몰이를 하는 연극도 매우 많으며, 연극의 대중성을 위한 페스티벌도 정기적으로 열리고 있다.

가장 대중적인 공연예술인 뮤지컬은 현재 가장 많은 사랑을 받고 있다. 수입 뮤지컬이 주를 이루던 시기도 있었지만, 지금은 창작뮤지컬도 많은 사랑을 받고 있으며 한국적인 이미지를 앞세워 세계로 진출했거나 그러기 위해 노력하고 있다.

하지만 연극과 뮤지컬의 작품성이 뛰어나다 해도 세계적인 작품으로 인정받기에는 어려운 부분들이 있다. 가장 큰 어려움은 바로 언어라는 장벽이다. 물론 자막 처리를 하면 되지만 모든 극장이 자막처리를 할 수 있는 여건을 갖추고 있는 것은 아니다. 게다가 공연예술의 특징은 살아있는 무대에서 생동감 넘치는 움직임을 보이는 것인데 그것을 자막과 함께 관람해야 한다면 그 맛은 반감될 것이다. 사랑을 고백하는 여인의 애절한 이야기를 통역을 통해 듣게 되는 것은 왠지 어색하다.

프랑스의 극작가 앙토넹 아르토는 자신의 연극 이론인 '잔혹연극론'에서 언어도 모르는 발리 연극을 보고 언어를 뛰어넘은 작품에 감명과 영감을 받아, 언어와 텍스트에 종속된 연기에서 벗어나 신체의 언어와 움직임, 제스처로 이루어진 연극 이론을 내세우기도 했다.

국내에서 객석 점유율이 가장 높은 공연은 뮤지컬이다. 최근에는 대중성을 갖추기 위해 노력하는 연극도 일반 객석 점유율이 높아지고 있다고 한다. 그러나 순수무용은 객석 점유율이 전체 공연예술에서 가장 낮은 편에 속한다. 그런데 놀라운 사실은 1년 동안 국가 지원금을 받고 해외로 진출한 공연예술작품은 순수무용이 가장 많다고 한다. 그 이유는 무엇일까? 바로 언어다. 언어의 장벽을 허물 수 있는 몸의 언어로 세계에 진출할 수 있는 유리한 조건을 지녔기 때문이다. 비록 몸의 언어는 난해하지만 공연예술로서는 시각적으로 돋보인다는 유리한 점이 있다.

한국의 순수무용 작품들 중에서 세계적으로 인정받고 있거나 영향을 끼친 것이 있는지 무용전문가에게 문의해 보고 찾아도 보았다. 안타깝게도 가능성이 있음에도 불구하고 특별한 성과는 아직 나타나지 않고 있다고 한다. 해외로 진출하여 나름대로의 성과를 올리고 있는 것은 사실이지만, 아직은 세계적으로 인정받는 작품은 없는 것이다. 아쉽게도 한국의 전통춤이나 창작춤도 세계적으로 인정받고 영향을 끼치지는 못하고 있다. 가까운 일본의 '부토'에 비해 한국의 순수무용은 왜 세계적이지 못한지 곰곰이 생각해볼 필요가 있다.

나는 한국의 전통춤이 가장 가능성이 크다고 생각한다. 독창성과 많은 장점을 지니고 있음에도 불구하고 세계에 폭넓게 알려지지 않고 있는 것이 안타깝기만 하다. 국가가 힘이 없어서 그렇다는 사람들도 있다. 또 자본이 부족하기 때문이라고도 한다. 어느 정도 인정할 수는 있겠지만 핑계이며 합리화다. 나는 한국 전통춤의 춤사위가 매우 특별한 위대한 유산이며 민족성을 제대로 표현해낼 수 있는 예술이라고 생각하기 때문에 세계적으로 충분히 공감을 얻을 수 있다고 생각한다.

그러나 한국의 전통춤이 지속적으로 똑같은 형태로만 전해지고 이어지기만 한다면 아무리 위대한 유산이라 해도 뒤처질 수밖에 없다고 생각한다. 고정된 사물이라면 그 상태 그대로 유지되어 있어야 유산이지만, 항상 생동감 있게 움직이고 생명력을 갖추고 있는 춤이 곧이곧대로 이어져 온다면 매력없는 골동품에 지나지 않을 것이다. 전통춤을 잇고 있는 선생님들께서 노여워하실 수도 있겠지만, 한국 전통춤을 존중하고 사랑하는 사람으로서 전통적인 내용은 유지하되 시대와 상황에 맞게 변화해야 한다고 생각한다. 특히 해외에 소개될 경우 우리 것의 특성을 내세우되 그들이 이해할 수 있는 요소에는 변화를 주어야 한다. 전통은 흐르는 것이고 흐르기 때문에 변화하는 것이라고 생각한다.

한국무용의 역사와 함께해온 무용 이론학자인 안제승 선생님께서도 인터뷰에서 이런 말씀을 하셨다.

"몇백년 전부터 전해지는 승무를 곧이곧대로 추는 거라고 하면 그건 예술이 아니죠."

또한 미국의 경영학자 피터 드러커(Peter F. Drucker)는 "아무리 위대한 전통이라 할지라도 그것이 현재에 영향을 미칠 수 없는 것이라면 먼지 쌓인 골동품에 지나지 않는다"고 했다. 전통은 흘러내려오는 것이며, 흐르는 것은 변하는 것이다. 강이 아무리 넓어도 물이 흐르는 그곳에는 변화가 있기 마련이다. 그런데 언제나 움직이고 생동하는 춤에 변화가 없다면 그것은 고인 물이거나 먼지 쌓인 골동품일 수 있다.

무엇이든 정체되어 있으면 안된다. 예술이든 정치든 경제든 모두 정체는 곧 퇴보다. 장자(莊子)의 말처럼 "땅에 금을 긋고 그 안에서 종종걸음"을 치면 안된다. 시인이며 화가인 블레이크가 "고여 있는 물에서 기대할 수 있는 것은 독이다"라고 말한 것처럼 삶이든 예술이든 권세든 무엇이든 금을 긋고, 고여 있으면 흐름을 막게 되고 흐름을 막게 되면 변화를 막는 결과를 낳는다. 그러면 결국 기대할 수 있는 것은 부패뿐이다. 특히 예술인은 보는 것에서나 듣는 것에서나 행동하는 것에서 금을 긋거나 고여 있지 말아야 한다.

2

새로운 춤 예술로 진화중인 힙합춤은 어떠한가. 힙합춤은 교육에 의해 양성된 것이 아니라 경험 그 자체만으로 양성된 예술이다. 갇혀 있기보다 자유롭게 행동하고 생각하는 힙합인들이 금을 긋거나 고여 있는 것은 거의 불가능하다. 그들은 노마드이기 때문에 한곳에 고여 있지 않고 오히려 넓은 스펙트럼을 보이고 있다. 그렇기 때문에 사유가 자유롭고 때로는 표현이 거칠고 자연스럽다.

만들어진 교육을 받지 않고 경험 자체로 교육을 대체한 그들은 국가와 사회의 아무런 관심과 지원 없이 열정 하나로 세계 최고라는 타이틀을 갖게 되었다. 내가 힙합춤꾼이어서가 아니라 힙합춤꾼들이 짧은 기간 동안 이루어낸 성과들은 실제로 존중받아 마땅하다. 나는 순수무용과 힙합춤을 모두 경험하고 있으며, 지금도 공연을 통해 친숙하기 때문에 두 춤의 관계를 나름대로 파악하고 있다.

스트릿 댄스는 외국에서 들여온 춤이지만 이제는 오히려 외국에 한국의 힙합춤을 역수출하는 단계에 있다. 춤 자체를 외국에서 직접 배워 가져오기보다 자생적으로 터득했으며, 외국의 스트릿댄스와는 질적으로 다른 특징들을 지니고 있기 때문이다. 자연스럽게 한국 사람의 성향과 체형에 맞게 변형시키며 완성해나갔다는 것이 큰 장점이다. 그런 독특한 과정을 통해 한국의 힙합춤은 세계로 나아갈 수 있었다. 그렇다면 이제 힙합춤이 우리의 자생적인 문화로 발전할 수 있도록 지속적인 관심을 보이고 가꾸어야 한다.

정부에서도 2005년에 한국 관광산업의 대표 브랜드로 비보이와 국악을 선정했다. 하지만 지속적이고 체계적인 지원보다는 단기적인 일회성 행사에 그치기 때문에 아쉬움이 많이 남는다. 사회적인 관심이 줄어들면 정부의 지원도 줄어든다. 문화는 사회의 지속적인 관심과 정책적인 지원이 무엇보다 중요하다.

현재 한국에서 거의 유일하게 내세울 수 있는 춤 예술은 새로운 예술인 힙합춤일 것이라고 생각한다. 비록 이 분야에서 활동하는 사람으로서 애정을 갖고 보기 때문이기도 하겠지만, 짧은 시간 안에 오직 독창성과 실력만으로 세계에 진출해 세계 춤꾼들에게 영향을 주고 변화시킨 춤은 힙합춤이 유일하다.

세계는 현재 한국의 힙합춤에 열광하고 한국의 힙합춤에 영향을 받고 있다. 한류는 K-POP이 아니라 B-boying(힙합 춤)에서 시작되었다고 해도 과언이 아니다.

한국의 춤 예술은 세계적인가? 물론 세계적이다. 기존의 순수무용은 여전히 세계적으로 나아가려고 노력하는 과정에 있지만 새로운 힙합춤은 세계적으로 나아가고 있다. 하지만 힙합춤은 어떤 이유에선지 사회적 가치로 크게 인정을 받거나 지원을 받지 못하고 있다. 소 잃고 외양간 고친다는 말이 있다. 우리는 세계적으로 위대한 춤 예술가 최승희를 잠시 잃었던 것에서 교훈을 얻지 못하고 있는 것은 아닐까.

춤 공연의 이해와 상상

현대무용이 난해한 이유는 무엇일까?

많은 사람들이 순수무용인 현대무용을 감상할 때 많은 어려움을 겪는다. 어려움은 이해와 관련된 것이다. 이해하려 해도 이해할 수 없는 장면과 장면의 이어짐 그리고 이해할 수 없는 언어와 동작, 무엇을 표현하는지 도대체 무대 위에서 어떠한 것을 목표하고 있는지 도대체 감이 잡히지 않을 때가 있다.

물론 현대무용은 추상적이며 시적인 면이 강하기 때문에 난해한 부분이 있는 것은 사실이다. 너무 정교한 표현은 춤의 시(詩)를 파괴할 수 있으므로 어느 정도의 의도된 왜곡과 숨김이 있기 마련이다. 가끔 현대무용 공연을 보러 갈 경우 나 역시 이해하지 못하는 부분이 허다하다. 안무자가 무엇을 표현하려는 것인지,

무용수들이 안무자의 의도를 제대로 이해하고 표현하고 있는 것인지 파악하기 어려울 때가 있다.

문득 감성과 감각을 존중하는 내가 왜 이성적으로 작품을 판단하려 하는지 되돌아보게 된다. 하나하나의 장면 그 자체가 의미일 수도 있고 재미일 수도 있다. 그런데 나는 너무 파고들어 이성적으로 해석하려는 경향이 있다. 일종의 직업병일 수도 있겠지만, 내가 바라는 예술가의 모습은 전혀 아니다. 관객이 되어서도 직업적인 판단을 앞세우는 습성이 있어 순수한 관객으로서 바라보지 못하는 것은 안타까운 일이다. 관객이 되었을 때 작품에 빠져들지 못하고, 몰입하지 못한 채 이성적인 기준을 앞세워 파악하려 든다는 것을 어느 순간 알게 된 것이다.

작품 자체를 순수하게 바라보지 못하고, 흥미진진한 부분이 있어도 복잡하게 분석하려는 습성이 있는 것이다. 공연 자체를 즐기는 것보다 이성적으로 분석하고 그 분석이 나의 예술적 판단과 비슷하면 결과적으로 좋아하게 되는 습성이 붙은 것 같다. 냉정한 해석을 앞세우는 것은 예술적인 낭만을 무참히 짓밟는 태도이다.

무엇이든 그 자체로 보지 못하고 일정한 관념에 비추어 보는 습관이 생긴 것이다. 만약 관객이 나의 작품을 그런 식으로 판단한다면 그리 달갑지 않을 것이다. 그런데도 정작 나는 그렇게 판단하고 있다니… 춤을 추고 작품을 창작하면서 예술이라는 것에 목마르기보다 무언가를 이루기 위해 만들어내고 있는 것은 아닐까. 예술에 큰 목표와 뜻을 품고 도전했던 시절의 낭만이 점차 사회적 가치에 매몰되고 있는 것은 아닌지 자괴감에 빠지기도 한다.

열정적인 시절에 지녔던 예술에 대한 생각들을 돌이켜보면 지금은 기존의 틀에 대한 저항성이 점차 약해지고 있는 것만 같다. 예술에 저항성이 없다면 날개 없는 새와 같다고 생각했는데 그런 날개를 달기 시작하자마자 그 날개가 사라지고 있는 것만 같다. 과연 없어지는 것일까, 새로운 날개를 달기 위한 과도기일까.

낡은 예술을 비판할 때는 대단한 에너지가 솟구치는 것 같았다. 하지만 지금 낡았다고 비판하던 요소들을 내가 닮아가고 있는 건 아닌지 의구심이 들기도 한다. 상당히 두려운 일이다. 설마이지만 그 설마가 내가 비판하던 그 집단으로 나를 속하게 하는 것은 아닌지 걱정된다. 절대 그렇게 되지 않도록 경계해야 할 것 같다.

춤 공연은 왜 난해한가. 당연히 육성으로 표현되는 언어가 아닌 신체로 표현되는 언어이기 때문에 어느 정도의 이해하기 어려운 부분은 있게 마련이다. 어떻게 표현하든 부분적으로 이러한 현상은 일어날 수밖에 없다. 완전한 이해란 춤 공연에서 이루어지기 힘든 부분이기도 하다.

춤 공연이 난해한 가장 큰 이유는 느낌을 이미지화해서 표현하기 때문이다. 춤 공연을 이해한다는 것은 논리적인 접근보다 공연에서 보여주는 장면과 동작에 대한 무한한 상상력을 필요로 하는 것이라고 생각한다.

상상력이야말로 예술을 느끼고 이해하는 방법이라고 말하고 싶다. 예술은 논리보다는 상상력과 이미지의 결합이기 때문이다. 이해하지 못해도 재미있다. 이해와 재미는 다른 영역에 속한다. 사랑하는 여인을 이해하지 못해도 그 모습 자체를 사랑하는 것과 비슷한 것이 아닐까. 춤을 꼭 논리적으로 이해하려 하기보다 보여지는 장면 자체에서 전해지는 느낌을 받아들이는 것이 이해의 시작이 아닐까. 그래도 어떻게든 이해하고 싶다면 니체의 말을 전해주고 싶다.

이해되지 않는 것은 이해하지 않는 것이 이해하는 것이다!

_ 니체

몰상식한 관객

비보잉을 하던 내가 처음으로 현대무용에 도전했을 때, 운 좋게도 좋은 기회가 주어졌다. 홍대에 있는 포스트 극장에서 공연하게 되었던 것이다. 소극장이라 작은 공간이긴 하지만, 관객과 무용수들의 숨소리와 온기를 직접 느낄 수 있어 대극장과는 또 다른 매력을 경험할 수 있었다.

여러 명이 출연하는 공연이 아니라 두 명이 아름다운 사랑 얘기를 표현하는 듀엣작품이어서 부담이 컸다. 비보잉이 몸에 익은 내가 아름다운 선과 감정을 표현하는 현대무용으로 듀엣을 하게 되었으니 나로서는 걱정되지 않을 수 없었다. 그런데도 공연을 해야만 하는 상황이었으므로 최선을 다해 감정을 잡고 아름다운 선을 표현하려고 노력했다.

그날 공연은 4팀이 현대무용, 발레, 한국무용 등 순수무용의 갈라 공연으로 구성되어 있었다. 내가 현대무용으로 듀엣을 한다고 하니 그 당시 '댄스팀 고릴라'에서 선배, 동료, 후배들이 잔뜩 몰려왔었다. 힙합춤을 추던 그들이 갑자기 순수무용 공연을 보게 되었으니 관람이 쉽지는 않았을 것이다. 주로 화려한 배틀과 짧은 퍼포먼스로 이루어진 공연을 하던 그들이 한 작품당 10~20분이 넘는 무용작품을 관람하기는 힘들었을 것이다.

나의 순서가 끝나기 전까지는 객석이 그나마 채워져 있었지만 공연이 끝나고 암전되자 그들이 우르르 몰려나가 버렸던 것이다. 대기실이 있던 나는 그런 일이 있었는지 전혀 모르고 있었다. 다음 차례로 한국무용 선생님의 솔로 공연이었는데 공연이 끝나고 들어와서 기분이 나쁘다며 화를 내시는 것이었다. 은근히 나에게 화풀이를 하는 것 같기도 했다. 그래서 그 이유라도 물으려고 할 때, 안무자가 우리 공연이 끝나자 튀는 복장을 한 사람들이 우르르 나가버렸다고 말해주었다. 그래서 다음 공연자인 한국무용 선생님께서 심기가 불편해지셨다는 것이다. 공연 중간에 관객이 빠져나가는 것을 그때 처음으로 경험한 것이었지만, 출연자가 기분이 언짢아하는 것은 당연한 일이었고 너무 미안했다. 공연이 모두 끝나고 나는 그들을 만나자마자 고맙다는 인사 대신 같은 공연계에서 일하는 사람끼리 공연에 대한 예의도 없다며 타박을 했다.

그 후로 현대무용에 매료되어 대학에 입학도 하고 공연도 수없이 했다. 그런데 그때 처음 경험했던 몰상식한 행태가 그때 거기에서만 벌어지는 일이 아니었다. 심지어는 그런 행태가 당연한 것처럼 받아들여지고 있으며 대부분의 사람들이 그렇게 행동하고 있는 것에 너무 놀랄 수밖에 없었다. 대극장이든 소극장이든 관객들이 자신들과 관계있는 사람의 공연이 끝나면 우르르 나가버리는 모습을 자주 목격하게 된 것이다. 너무나 놀랐고 그런 것에 대해 아무런 거리낌도 없는 것이 황당했다. 그때 소극장에서 공연이 끝난 후 나의 지인들이 순식간에 빠져나가 부끄러워하고 나무랐던 것이 오히려 특별한 경우였던 것이다.

순수무용 공연장에 들어서면 대부분 갈라 공연으로 이루어지는 경우가 많다. 평균적으로 3~4팀이 20~30분 정도의 작품을 선보이게 되는데, 일반적으로 공연팀이 학교별로 구성되어 있는 것이다. 그러니까 3~4팀이 모두 각기 다른 대학 출신으로 구성되어 있는 것이다. 각 대학별로 팀이 나누어져 있어야 공연표를 효과적으로 판매할 수 있기 때문이라고 하는데, 관객을 유치하기 위한 아이디어들 중의 한 가지인 셈이다. 공연자와 인연이 있는 사람들로 객석을 채우는 방식이 최선은 아니어도 차선의 역할을 할 수 있다고 생각한다. 그렇게 되면 다른 팀의 공연도 보고 서로 응원도 하면서 무용계의 발전에 좋은 밑거름이 될 수 있다는 장점도 있다. 그런데 어느 한 학교 출신의 공연이 끝나면 대부분 우르르 나가버리는 현상이 발생하곤 하는 것이다. 다른 의견을 제기할 사람들도 있겠지만, 지인이나 출신학교 무용팀의 공연이 끝난 후 우르르 객석을 빠져나가는 현상은 흔히 있다.

관객의 자율권, 공연표를 구매한 사람에게는 스스로 객석을 빠져나갈 권리가 있다는 것에는 동의한다. 공연을 관람하다가 싫으면 나가면 된다. 하지만 소수가 아닌 다수가 그런 행동을 한다면 그건 자율이 아니라 의도적인 적대감을 드러내는 것으로 보일 수도 있다. 그리고 그런 행동은 출연자들의 공연에 영향을 주고, 그 공연을 관람하고 있는 다른 관객에게까지 나쁜 영향을 미친다. 출연자와 관람자 모두에게 피해를 주는 경우라면, 관객으로서 최소한의 예의는 지켜야 하는 것이 아닐까.

국내 순수무용 공연에서 일반관객의 객석 점유율을 조사한 자료가 있다. 연차에 따라 조금씩 다르게 나타나지만 일반관객은 3% 정도였으며 1% 이하로 나타나기도 했다. 일반관객은 출신학교나 지인으로 연결된 관객이 아닌 순수하게 무용을 관람하기 위해 공연장을 찾아온 관객이다. 그런데 정작 공연의 주체이며 전문가라고 할 사람들이 그런 상식에서 벗어난 관람행위를 보여준다면 누가 순수무용을 사랑해 줄까. 문화의 주체들이 먼저 세심하게 보살펴야 일반관객들도 우리 무용을 소중히 바라보고 사랑해 준다. 정작 우리 스스로가 그렇게 하지 않으면서 사랑해 주기를 바라는 것은 한참 잘못된 생각이다.

가끔 무용계에서 옳은 말로 비판하고 걱정하는 사람들을 만나면 진심으로 존경심도 생기고 멋지게 느껴진다. 술자리에서 이야기를 나누다 보면 자기반성도 하게 되고 많은 것을 배우고 나역시 그런 생각을 가져야겠다는 다짐도 한다. 하지만 아이러니하게도 그런 올바른 말씀을 하시는 분들 중에서도 우리 무용 공연문화의 기본이 되는 관객의식에서 상식에 어긋난 행위를 하는분이 있다. 객석에서 공연을 보던 그 멋진 분들이 갑자기 사라지곤 하는 것이다. 연습이 있다, 일이 있어 바쁘다는 핑계 등으로 객석을 빠져나가는 것이다. 그런 행동이 우리 공연문화에 습관화되어 있는 것인지 전혀 거리낌 없이 당당하게 자리를 뜨는 것이다.

우리는 다시 한 번 진지하게 생각해봐야 한다. 물론 공연이 지루하거나 재미없어서 나갈 수도 있고, 급한 일이 생겨서 나갈 수도있다. 그런데 공연장에 올 때마다 일이 생기고, 게다가 그 일은지인의 공연이 끝나면 생기곤 하는 것은 이해하기 어렵다. 많은사람들이 우르르 몰려 객석을 떠나는 것은 분명 좋지 않은 행태다. 개선해야 한다. 무용은 인간이 가장 아름답게 표현할 수 있는 사랑스러운 예술이다.

이렇듯 가장 사랑스럽고 매력적인 무용 공연에 관객들이 중도에 빠져나간다는 것은 분명 문제가 있는 현상이다. 기존의 제도만을 탓할 것이 아니라 작품이라는 본질을 다시 숙고해보고 문제점을 제대로 진단하여 개선해야 한다. 그렇게 하지 못한다면 그런 부끄러운 행동은 앞으로도 지속될 것이며, 우리의 무용 문화는 제자리걸음을 면치 못할 것이다.

비평은 왜 힘이 있을까?

순수예술의 영역에서 비평가와 비평의 영향력은 무척 크다. 순수무용의 비평과 비평가를 비난할 생각은 없다. 그저 경험을 통해 보고, 느끼고, 깨달은 지극히 개인적인 생각을 솔직히 밝히려는 것이지만, 알게 모르게 예술가와 비평가 간에 권력구조가 형성되고 있다는 점에 대해서는 아쉬움이 많다.

다른 모든 예술분야도 그렇겠지만, 순수무용의 경우 비평에 대해 상당히 민감하다. 심할 경우 비평을 의식하여 작품을 창작하는 경우도 있다. 아주 극소수에 불과하겠지만, 전혀 없다고 할수는 없다. 그리고 극단적인 경우 비평에 대해 법적분쟁까지 가는 경우도 있었다.

그럼 예술작품에 대한 비평에 민감하게 반응하는 이유는 무엇일까? 비평은 글을 통해 작품이 담고 있는 깊이와 의미를 드러내 사람들에게 알리는 일이다. 그런 의미에서 비평가도 한 명의 관객이지만, 전문적인 관객이란 점에서 일반관객과 다르다. 일반적으로 공연이 끝나면 안무가가 가장 먼저 챙기는 것이 비평가다. 그 이유는 무엇일까. 작품에 대한 호평을 기대하기 때문일 것이다. 그 비평의 글은 대부분 예술잡지, 무용잡지, 비평잡지 또는 인터넷에 실린다. 그런데 참 이상한 일은 일반관객들이 쉽게 접하기 힘든 그런 곳에 글이 실리는 데 누가 읽는 것일까. 주로 안무가와 출연자다. 비평 글은 대부분 안무가를 대상으로 작성되고 있다고 해도 과언이 아니다. 다루고 있는 무용작품을 보지 않고서는 도대체 무엇을 이야기하는지 도무지 알 수 없는 경우도 많다. 또한 예술적인 관점에 입각한 객관적인 분석보다 감정적인 요소들이 완전히 배제되지 않은 글들도 많다. 그런 글을 안무가들은 예술적인 관점에서 즐겨 읽기보다, 자신의 작품에만 한정된 기대감으로 읽는 것이다.

무용작품의 질적인 발전과 소통을 위해 전해지기보다 개인적인 작품에 국한하여 적용된다는 것은 안타깝다. 예술가와 안무가만 그런 것이 아니라 누구나 자신을 평가하는 글에 대해 심각하게 반응하기 마련이다. 칭찬을 받으면 덩실덩실 춤이라도 추고 싶고, 욕을 먹으면 움츠러들다가 분노하게 된다. 그러므로 사람들에게 작품에 대한 평가를 전하는 비평 글은 신중해야 하며 책임감이 따르는 중요한 일이 아닐 수 없다. 비평 글은 까다롭고 어려운 예술의 평가서이자 안내서이니 예민할 수밖에 없다.

아쉽게도 높은 수준의 무용작품이 많은 사람들에게 알려질 기회가 많지 않다. 높은 수준의 비평 글로 엮어진 비평 서적 역시 독자들이 많지 않다. 무용 공연이 끝난 후에도 작품의 이미지는 사람들의 기억 속에 남겠지만, 현실에서는 사라진다. 하지만 비평 글은 공연이 끝난 후에도 영원히 남아 작품에 대한 평가로 후대에 전해진다.

관객이 현장에서 무용공연을 관람하지 못해도 인터넷을 통해 볼 수 있다면 그만큼 많은 공유와 오랜 유지가 가능할 것이다. 그런데 인터넷과 미디어가 발달한 정보화시대에도 순수무용만이 새로운 매체를 전혀 활용하지 못하고 있는 것 같다. 그러니 작품의 전체 영상을 안무가 외에 아무도 갖고 있지 않으니, 그만큼 비평에 대한 객관성을 검증해볼 수 없다. 비평은 작품에 대한 정보를 전달해주는 기능도 있기 때문에 객관적으로 접근해야 한다. 그러나 주관적이고 개인적인 선호가 드러나는 것을 완전히 배제할 수 없기 때문에 잘못된 평가가 나타날 가능성도 있다. 작품영상을 구해 볼 수 있다면 비평의 잘못된 부분을 확인할 수 있을 뿐만 아니라 비평의 힘도 그만큼 공정성을 검증받을 수 있을 것이다.

안무자들은 전체 작품영상이 공개되는 것을 꺼리는 경향이 있다. 가장 큰 이유는 작품이 모방당할 위험성에 대한 우려와, 작품의 희소성을 유지하기 위해서일 것이다. 하지만 현장공연을 관람하는 관객도 많지 않은데 영상까지 공개하지 않는다면 그 좋은 작품들은 영원히 사라지게 되는 것이다. 참 애석한 일이다. 작품 자체가 좀 더 대중적으로 다가설 수 있다면 비평가와 비평 글이 지금처럼 작품과 안무가에게 과도한 영향력을 행사할 수는 없을 것이다.

많은 사람들이 관람한 작품이라면 비평가만의 잣대로 재단할 수 없게 된다. 그러나 순수무용 작품은 한정된 소수만이 관람하기 때문에 비평의 힘이 과도하게 영향을 끼칠 수밖에 없다. 순수무용 작품에 대해 좀 더 깊이 있게 알고 싶은 사람들은 공연이 끝났거나 과거의 작품들에 대해 비평 글을 찾아볼 수밖에 없다. 현재 직접 공연을 감상하는 일반관객들의 수가 적으므로 인터넷에 관객 평은 거의 올라오지 않고 있으며, 정보는 비평가의 글에 의존하게 되는 것이다.

순수무용 작품을 소수만이 관람하는 것이 아니라, 다양한 방식으로 다수가 접근할 수 있게 된다면 비평 글이나 비평가의 영향력은 전문 분야에 한정될 것이고, 예술가와 비평가 사이에 형성되어 있는 현재와 같은 권력구조는 완화될 수 있을 것이다.

좀 엉뚱한 생각일 수도 있지만, 이른바 순수예술과 대중예술을 모두 경험하고 있는 나로서는 순수예술이 귀족적인 자기합리화에 매몰되어 시대의 요구에 따르지 못하고 있는 것은 아닌지 의구심을 품기도 한다. 고급스러운 전통도 시대의 변화를 반영할 수 있어야 전통을 이어갈 수 있다. 물이 흘러야 썩지 않듯이 예술과 정신 역시 고여 있는 상태를 벗어나 언제나 흘러갈 방향을 모색해야만 한다.

한 가지 더 덧붙이자면, 왜 글을 쓰는 사람은 공연예술에 대해 비평하는 데 공연하는 사람은 그런 비평에 대해 반론할 것이 그처럼 많으면서, 왜 비평에 대해서는 비평하지 못하는 것일까. 참 안타까운 일이다. 왜곡된 정보를 담고 있다거나, 잘못 해석된 비평을 받았다면 그 비평 글에 대해 반론을 펼칠 수도 있어야 한다. 과연 공연예술의 발전이라는 측면에서 볼 때, 안무가는 안무가로, 비평가는 비평가로 남아 있는 것만이 의미 있는 일일까.

춤추는 사람은 공부를 못한다는 오해

이유는 알 수 없지만 춤추는 사람은 머리가 나쁠 것이라는 선입견이 있는 것 같다. 하지만 한마디로 말해 머리가 나쁘면 춤을 출 수 없다. 그 복잡한 연결 동작들을 기억해 낼 수 없으며, 기본적인 안무동작도 습득할 수 없으며 작품의 전체적인 구성을 이해할 수도 없다.

너무나도 당연할 일이다. 일반적으로 좌뇌는 논리적, 이성적인 측면이 강한 반면 우뇌는 예술적, 감각적, 감정적인 측면이 강하게 나타난다고 한다. 하지만 춤을 춘다고 전적으로 우뇌만 발달하는 것은 아니다. 그럼 무엇 때문에 머리가 나쁘다, 또는 공부를 못한다는 편견이 만들어진 것일까. 공부를 못하는 것이 아니라 안하는 것이라는 사실을 모르기 때문이다. 춤 연습에 몰두

하는 것처럼 일반적인 공부를 한다면 누구든 적어도 못한다는 소리는 듣지 않을 것이다.

그렇다면 공부를 왜 안 하는 것일까. 입시와 입사를 위한 공부가 춤을 추는데 도움이 되지 않는다는 실용적인 측면도 있겠지만 무엇보다 춤보다 더 매력적인 면이 없기 때문이다. 여기서 확실히 짚고 넘어가야 할 것이 있다. 흔히 말하는 공부는 텍스트의 학문이지만, 춤은 이미지의 학문이라는 사실이다. 그러니 춤꾼에게는 춤을 추는 것 자체가 학문을 하는 행위인 것이다. 그러므로 춤 공부와 성격이 전혀 다른 텍스트와 관련된 공부를 해야 하는 상황이 되면 문자로 이루어진 단어와 문장이 머리에 흡수되기 힘들다. 공부하는 순간에도 춤추는 사람은 머릿속에 춤에 관한 이미지가 떠나지 않아 집중하기가 쉽지 않을 것이다.

일반적으로 취미로 춤을 추는 사람들에게 안무동작을 못 외우거나, 기억하지 못한다 해서 머리가 나쁘다는 얘기는 하지 않는다. 그러나 춤을 전문적으로 추는 사람이라면 머리가 나쁜 것이다. 춤을 추지 않는 일반인들은 안무동작을 못 외워도 머리가 나쁘다는 얘기를 듣지 않지만, 춤을 전문적으로 추는 사람이라면 그렇지 않다. 마찬가지로 공부를 전문적으로 하는 사람이 그 내용을 이해하지 못하거나 외우지 못한다면 머리가 나쁘다는 얘기를 당연히 들어야 하는 것이다. 전혀 다른 학문을 하는 것이고 공부의 내용과 수단이 다르다고 생각해야 한다. 엄밀히 말해 다른 지식 체계를 갖고 있는 것이기 때문이다.

물론 춤은 반복을 통해 감각적으로 숙달시키는 것이라 할 수도 있겠지만, 춤 동작을 외우며 이해하는 것과 일반적인 공부에서 기능적으로 지식을 외우고 이해하는 것과 전혀 다를 바가 없다. 얼마만큼 전문적인 가치를 파고들어 숙달하느냐는 노력과 집중에 달려 있는 것이다. 따라서 공부와 춤은 타고난 머리의 기능이 아닌 노력이라는 후천적이 요소가 더 큰 것이다.

우리 사회에서는 텍스트를 기반으로 한 공부 외의 다른 분야를 소홀히 하려는 경향이 있다. 특히 한국사회는 무(武)보다 문(文)을 중시했던 오래된 사회적 관습의 뿌리가 매우 깊다. 역사적으로 무와 문이 적절히 조화를 이뤘던 시대는 없었지만, 이제 무(舞)와 문(文)이 조화를 이루는 시대를 새롭게 만들어보는 것은 어떨까. 텍스트를 기반으로 한 학문에만 최고의 가치를 두는 관습은 한국사회가 문화적으로 진보할 수 있는 원동력을 가로막는 것이다.

춤추는 사람에게는 머리가 좋다는 말보다 독특하다는 말이 더 어울린다. 텍스트 위주의 학문은 논리와 이성의 힘으로 작동되지만, 춤과 예술은 이미지에 의해 작동되기 때문이다. 특히 춤은 공간 속에서 이루어지는 움직임의 이미지가 지속적으로 뇌를 지배하게 된다. 춤에서 이미지는 논리와 이성보다 강하게 작용한다. 이미지는 언제나 예감할 수 없는 순간적인 찰나에 찾아와 무섭게 달아나곤 한다. 마치 얕은 잠에 빠져들었을 때 보게 되는 환상들과 비슷하다. 그런 이미지의 조각들이 늘 무섭게 뇌를 지배한다. 때론 혼란스럽지만, 이미지가 춤으로 표현될 때 위풍당당한 야수가 된다.

이미지는 논리와 이성으로 접근하기에는 너무나 본능적이고 굶주린 야수의 속성을 띠고 있으므로 서로 양립하기 어렵다. 특히 몸으로 표현하는 예술은 모두 이미지의 콜라주이기 때문에 더욱더 이성의 접근을 혼란케 한다. 춤은 이미지의 연상이 강하게 작용하기 때문에 춤꾼에게는 논리와 이성이 비집고 들어올 틈이 없다. 그래서 춤추는 사람은 공부를 못하는 것이 아니라 전혀 다른 속성을 지닌 공부를 하고 있는 것이다.

현장에서 느끼는 실용무용교육에 대해

1

내가 근무하는 H예고의 교육이념은 '교육에 소외된 사람들에게 교육의 기회를 제공하자'는 것이다. 교육에 소외된 사람들이라면 가장 먼저 떠오른 것이 경제적 약자들이다. 이 학교가 설립된 1960년대는 대부분 먹고살기도 힘들고 공부할 학비마저 부족했던 이른바 보릿고개를 경험하던 시대였다. 무엇보다 먼저 생존을 위한 경제적 사정을 해결해야 했기 때문에 배움의 시간도 부족했고, 뒤늦게라도 한 맺힌 배움의 꿈을 실현하는 사람들도 많았던 시대였다.

하지만 당시의 어려웠던 경제사정은 해소되어 교육환경은 좋아졌지만 대중예술은 그때와는 다른 이유로 제대로 인정을 받지 못하고 우리나라의 예술교육 시스템 내에서 오랫동안 소외되어 있었다. 그동안 가치를 인정받지 못했던 대중예술은 한류를 통해 전 세계에 알려지게 되면서부터 중요한 전환점을 마련하게 되었다. 가수 싸이는 독특한 춤과 음악으로 순식간에 세계에 진출할 수 있는 한류의 장을 본격적으로 열었다. 비보잉(b-boying) 역시 2001년 이후로 한국적인 스타일로 순식간에 메이저 세계대회를 모두 석권하는 놀라운 쾌거를 보이면서 그 가치를 세계적으로 알리는데 이바지했다.

한국 비보이들의 세계대회 석권이 언론에 보도되기 시작하면서 다양한 콘텐츠로 발전하게 되어 대중에게 널리 알려지기 시작했다. 이러한 대중적인 관심에 힘입어 '비보이'는 2005년에 한복, 반도체, 축구, 드라마와 더불어 국정홍보처의 국가 홍보 브랜드로 선정되는 이례적인 성과를 거두었다.

이제 스트릿 댄스(street dance, 힙합춤)는 길거리 춤이라는 용어의 뜻에만 머물지 않고 예술과 문화산업으로 발전하고 있다. 정부가 스트릿 댄스에 관심을 두고 지원을 시작한 것은 사실이지만 주로 배틀대회와 같은 전시성 행사에 집중하고 있어, 질적 발전에 뿌리가 되는 교육에는 전혀 관심을 기울이지 않고 있다. 그러나 스트릿 댄스가 예술과 문화산업으로 발전하기 위해 그리고 외국에서 수용된 그대로의 모습이 아닌, 한국문화에 맞게 변화되고 흡수된 문화로 발전하기 위해서는 무엇보다도 교육이라는 제도를 통해 그 분야를 이끌어갈 인재양성이 필요하다.

하지만 대중예술에 대한 교육적 접근은 기존의 순수예술 교육자와 전문가들의 무관심으로 인해 좀처럼 중등교육에 자리 잡지 못했다. 그들의 관점에서는 오랜 역사를 지닌 순수예술에 비해 턱없이 짧고 유행에 좌우되는 놀이문화이기 때문이다. 특히 스트릿 댄스는 거리의 춤으로 순수무용과 비교도 할 수 없는 저급한 춤으로 인식되었다. 그러나 비보잉과 같은 스트릿 댄스가 세계를 석권하면서 순수무용 공연계와 교육계에서 점차 관심을 갖게 되었다. 하지만 정식 교육과정으로 육성하는 것에 대한 관심보다 그저 일회성 흥미거리로 접근했던 것이 현실이었다. 그러나 H예고에서 2009년 힙합춤을 중심으로 실용무용을 예술 고등학교 정식교육에 포함시켜 학교의 설립과 교육 이념을 실천적으로 구현하는 모험을 시도했다.

스트릿 댄스의 선진국이라 할 수 있는 미국과 유럽에서도 교육적 가치보다 놀이문화라는 인식이 강하기 때문에 정식 예술교육으로 정착이 미흡한 상태에 머물고 있다. 그러므로 H예고의 실용무용과는 국내뿐 아니라 세계적으로도 처음 시도되는 정식 예술교육이라고 할 수 있다. 현재 세계 스트릿 댄스계에서 최고로 인정받고 있는 한국에서 정식 예술교육으로써 다양한 교육방식을 개발하고 체계화시킨다면 미국과 유럽 교육의 롤모델로 성장할 수 있다는 비전을 가질 수 있다. 현재 순수무용교육의 대부분이 미국과 유럽의 교육방식을 수용하여 따르고 있는 상태에서, 힙합춤의 교육적 비전은 전혀 시도되지 않았던 새로운 예술교육이라는 블루오션을 만들어낼 가능성 있는 것이다. 이것은 춤에 관련된 교육뿐만 아니라 한국문화를 알리고 예술교육의 위상을 높일 수 있는 계기를 마련하는 것이기도 하다.

여전히 힙합춤의 교육적 가치에 대해 의구심을 드러내는 사람들이 있지만, 현재 힙합춤을 연구한 학술논문과 석박사 논문들이 활발하게 발표되고 있다. 발표된 논문들이 주목하는 힙합춤의 교육적 가치는 대체로 청소년에게 신체발달과 창의력에 직간접적인 영향을 끼친다는 점이다. 창의력은 즉흥성을 통해 자유로운 신체표현을 가능케 하고 주체성과 단체성이 향상되며 협동심이 발달하고 공동체 속에서도 개개인의 능력을 다양하게 발휘할 수 있게 된다고 판단하고 있다. 따라서 힙합춤 교육을 통해 건강한 신체와 창의력을 길러내고 목적의식과 그에 따른 성취감을 바탕으로 자아의 만족감을 얻을 수 있으며 긍정적인 자세와 사회성을 길러낸다는 것이다. 문제점으로 지적되는 것은 배틀을 바탕으로 발전한 춤이기 때문에 공연예술로 발전하기보다 개인이나 집단 간의 경쟁심을 유발하는 춤 교육으로 치우칠 수 있다는 우려와 움직임의 즉흥적인 요소가 강해 체계적인 정립이 힘들다는 것이었다.

그러나 긍정적으로 해석하자면 수동적인 공부를 통해 일류대학에 들어가 대기업에 취직하는 것이 성공이라는 학력주의와 물질주의적인 사회적 구조를 벗어나 자신이 원하는 삶을 창의적으로 설계하고, 목적의식을 갖고 자신만의 가치를 추구하는 다양한 삶을 제시할 수 있다는 것이다. 독일의 교육철학자인 요한 헤르바르트는 흥미를 유발해야 능동적인 교육을 할 수 있으며 학생들에게 참된 교육을 실현할 수 있다고 했다. 현재 청소년에게 관심을 받고 있는 힙합춤은 중등 예술교육으로써 수동적인 교육을 벗어나 흥미를 유발하는 능동적인 교육을 통해 성취감과 행복을 추구하도록 이끌 수 있다는 장점이 있다. 개인의 행복 추구보다 더 앞서는 교육이념이 있을 수 있을까?

2

나는 힙합춤의 다양한 가능성을 제시하기 위해 실용무용과의 교육이념으로 '춤은 예술이고, 예술은 창작이며, 창작은 교육이다'를 내세우고 있다. 함석헌 선생님이 백성을 걱정하며 말씀하신 '생각하는 백성이라야 산다'의 교훈처럼, '몸도 춤추되 머리도 춤추라'는 지향점을 갖고 본능적 움직임과 이성적인 판단을 기준으로 다양한 창작을 할 수 있도록 가르치고 있다. 이로 인해 힙합춤을 배틀대회에 종속된 문화에서 벗어나 공연예술로 승화하고, 공연 창작수업을 통해 창작력과 개성의 특성을 살려 자율적인 삶을 지향할 수 있도록 한다. 또한 공연을 통해 서로의 중요성을 이해하고 배려하는 공동체를 직접 느껴보고 오랜 인내와 노력 끝에 성취감을 얻고 '행복'을 누릴 수 있게 되는 실용적인 교육을 지향한다.

그동안 힙합춤을 교육받는 학생과 학부모 사이에는 적지 않은 오해와 불신이 쌓여 있었다. 학부모들은 거리의 춤인 스트릿댄스가 어떻게 학교 교육으로 가능하며, 공부는 안 하고 놀기만 하는 것 아니냐 그리고 대학은 갈 수 있느냐, 오랫동안 춤을 출 수 있겠느냐 등 좋지 않은 이미지를 갖고 있었다. 또한 학생들은 배틀 대회에 나가 우승을 하고 사람들에게 인정을 받으면 굳이 대학에 가지 않아도 사는 데 문제가 없는 것 아니냐는 생각이 퍼져 있었다. 그래서 학생들이 수업시간이 배운 춤과 직접 창작한 춤으로 정기공연을 기획하게 되었다. 공연예술에서 멀게만 느껴지던 힙합춤을 공연예술로 인식시키고 싶다는 생각과 함께 학생들에게 목표의식을 심어주고 열정과 노력의 결과를 보여줄 기회를 마련하려 했다.

한 작품은 최소 2분에서 최대 5분까지로 실력 여하에 따라 다르게 나타났다. 학생들은 길어봐야 겨우 5분 정도의 공연작품을 준비하는데 몇 개월이라는 기나긴 시간을 투자하고 노력해야 하니 고되고 힘들다고 느낄 뿐이었다. 그러나 공연은 쉽게 연습하고 편하게 만들어서 되는 것도 아니고, 그렇게 할 수도 없다. 만약 그렇게 공연이 가능하다면 교육적으로도 좋지 못한 결과를 낳을 수 있다. 공연은 열정과 인내로 맺어지는 하나의 결정체다. 그런데 쉽고 편하게 해도 되는 것이라면 누가 전문성을 갖고 그 많은 시간을 투자하며 노력하겠는가. 그것은 취미에 불과한 것이다.

춤 공연은 단발성으로 끝나는 경우가 많다. 춤은 일회성이 강하다는 말일 수도 있다. 하지만 일회성이 강한 만큼 다양하게 언제든지 변화할 수 있다는 의미도 포함되어 있다. 그렇다고 기억도 일회성으로 끝나는 것은 아니다. 현대무용의 선구자인 이사도라 덩컨은 자신의 남편인 러시아의 시인 예세닌에게 이렇게 말했다.

예세닌 : 무용수는 결코 위대하게 될 수 없어. 그 명성을 영원히 유지할 수 없으니까. 무용수가 죽는 순간 명성도 사라지거든. 근데 시인은 죽어도 시들이 남아 있잖아. 시는 영원히 살아남는 거야.

이사도라 : 예세닌, 당신 말이 틀렸다고 말해주고 싶어. 나는 사람들에게 아름다움을 남겨주는 거야. 춤을 출 때 나는 그들에

게 내 영혼을 주거든. 그리고 그 아름다움은 죽지 않아. 어딘

가에 존재하고 있을 거야…

이사도라의 말처럼 춤은 단 한 번의 공연으로 사람들의 가슴을

뜨겁게 만들어줄 수 있고 영혼 깊이 아로새겨질 이미지를 안겨

준다. 그것은 아름다움을 전달하려는 열정과 진정성 그리고 끈

기에서 오는 감명일 것이다. 관객들은 그것을 느끼고 그 느낌은

무대의 춤꾼들에게 전달된다. 이것이 춤추는 이들에게 잊지 못

할 성취감이며 말로는 표현하기 어려운 희열이다. 이렇게 춤은

한순간을 위해 매 순간을 노력한다. 그리고 그 한순간은 모든 것

을 보상해준다. 그 한순간 속에서 성취감과 희열을 느끼게 하는

것이 바로 춤 교육에 있어 성취감을 통해 '행복'을 느끼게 한다

는 기본적인 목표인 것이다.

　학생들은 공연이 끝나고 긴장이 풀리면 지치게 된다. 그러나

극장 로비에서 기다리는 부모를 만나 서로 끌어안으며 감격하는

모습은 오해와 불신을 떨쳐내고 이해와 신뢰를 쌓는 아름다운

순간이다. 학부모는 공연의 한순간을 보고 그들의 열정을 이해

하고 매순간 지원하게 된다. 공연을 본 후 학부모들은 학생들에

게 얘기한다. "어떤 일이 있어도 춤 포기하지 말고 맘껏 춤춰라!

부모는 너의 편이다!" 이러한 이야기는 춤에 대한 편견 속에 얼

어붙어 있던 감정이 폭발하여 뜨거운 긍정의 감정으로 전환된

다. 서로 이해하기 위해서는 그 노력의 대가를 보여줘야 한다. 춤에 있어 공연이 최고의 대가이자 목표인 셈이다. 그 현장에 함께 있는 모두가 경이롭게 행복해지는 순간이기 때문이다!

3

무용의 신으로 불리는 러시아의 발레리노 니진스키는 꿈이 없는 사람은 걸어 다니는 시체와 같다고 했다. 사람이 시체냐 아니냐는 가슴속에 열정이 있느냐 없느냐에 따라 달라진다. 사람들은 어떤 것을 의식하고 원하는지에 따라 삶의 방향이 달라질 수 있다. 춤추는 학생들은 가슴속에 열정을 품고 있다. 거침없이 활활 타오르는 강렬한 열정을 품고 있는 것이다. 그들은 자신이 하고 싶은 것이 무엇인지 명확하게 알고 있기 때문에 자신이 원하는 것에 모든 것을 던져 시간을 투자하며 노력할 수 있는 것이다.

실용무용 교육은 기존의 정통성만을 강요하지 않으며, 현시대의 흐름에 맞게 변화하고 앞서가야 한다. 고인 물은 썩는다. 흐름이 있어야 맑아지는데 고여 있으면 썩고, 썩은 물은 독이 된다. 실용무용 교육은 달라야 한다. 춤이라는 것은 항상 흐르고 변화하면서 썩지 않고 그 신선함을 유지해야 한다. 기존에 존재했던 순수예술은 위대하고 대중예술이 저급하다는 이분법적인 구분은 사라졌다. 이제는 사회 속에서 함께 흐르게 되었다. 즉 명분만을 앞세우던 시대는 지나갔고 실용의 시대가 도래했다는 새로운 예술의 패러다임을 낳게 되었다.

꿈에 투자한다는 것은 삶의 가치에 투자한다는 것이며 현재에 충실하며 과거를 보람차게 하고 미래를 탐나게 하는 비전이다. 꿈에 투자하면 꿈을 이룰 가능성이 있다. 그러나 고통이 따르기 마련이고, 이것을 이겨내야 한다. 인내하면 이룰 수 있으며, 이룰 수 있다는 것을 단계적으로 깨닫게 하고 알려주는 것이 교육이다.

고통을 이겨내고 마침내 꿈을 이루는 우화가 있다. 석탄과 다이아몬드 이야기다. 이론적으로 모든 석탄은 다이아몬드가 될 수 있다고 한다. 그러나 극소수의 석탄만이 다이아몬드가 될 수 있다. 엄청난 압력을 견뎌낸 석탄만이 다이아몬드로 탄생한다. 압력을 견디다 깨져버린 것은 석탄이 되고, 이겨낸 것은 다이아몬드가 되며 그 가치는 하늘과 땅 차이다. 이것은 사람에게도 적용될 수 있다. 견뎌내는 것은 재능과 실력, 천재성만으로 되는 것이 아니다. 이것은 전혀 무관하다고 할 수는 없지만, 무엇보다도 그것을 얼마나 간절히 원하고 이루고 싶은지를 갈망하는 나를 미치게 하는 '열정'과 '인내'다.

예술교육은 모두를 다이아몬드로 만드는 것이 아니라 압력을 견뎌나가는 지혜와 고통 속에서 즐기는 것의 가치를 찾을 수 있는 것이어야 한다. 가장 중요한 것은 깨어진 석탄일지라도 개성과 가치를 인정하고 다르게 활용될 수 있다는 특수성을 인정해 주는 것이다.

예술교육에 대해 너무 희망적이고 긍정적으로 표현한 것 같다. 하지만 한계점이 없는 것은 아니다. 대중예술은 교육부의 인정을 받는 정식대학의 학과 개설이 매우 미미하다. 아직 고등교육으로 인정받지 못해 주로 학점은행 학과로 운영되고 있다. 이러한 점은 입시교육보다는 현장진출에 용이할 수 있도록 수업이 진행된다는 점에서 다시 긍정적인 면으로 해석될 수 있지만, 장기적으로 본다면 질적인 교육발전에 있어 한계점으로 작용할 것이다.

그리고 다양성을 제시하기 위해서는 다양한 학문과 실기를 섭렵한 교육자가 필요하다. 하지만 대중예술 교육 분야에는 아직 부족하다. 특히 힙합춤의 경우 학교 교육을 통해 발전한 것이 아니라 도제식 교육에 기반을 두었기 때문에 실력은 뒷받침되지만 학력이 부족하여 수업을 진행하지 못하는 경우가 발생하기도 한다. 이러한 문제점은 한국 대학교에서 한국무용이 처음 정식 무용학과의 전공으로 인정받았을 때 나타났다. 도제식 교육으로 발전했기 때문에 학력 위주보다는 실력과 경험 위주로 교육자를 선출하여 진행했던 것이다. 이러한 특수성을 현실에 맞게 적용하여 학력보다 실력과 경험을 인정하는 풍토가 형성되었으면 한다. 그래야지만 학벌주의가 만연한 이 사회에서 약동하는 변화의 모습을 보일 수 있으리라 생각한다.

춤 예술에 대한 단상

1

예술을 배운 대로 인식한다는 것은 안 배운 것만 못한 일이다. 예술을 배운다는 것은 예술에 관한 고정된 인식을 갖는 것이 아니라, 다양하고 유연한 관점을 갖추는 것이다. 그래서 예술을 전해져 내려온 미적인 인식에 얽매여 가치를 판단하는 것 자체가 오류일 가능성이 있다. 처음 인상주의가 나타났을 때 기존의 가치관과 전혀 다른 미적인 요소를 추구한다는 이유로 미술의 기본기도 되어있지 않은 어처구니없는 분야로 취급당했다. 인상주의 화가들의 노력과 시대의 변화에 따라 그 가치를 인정받기 시작한 것인데, 그들이 나이가 들어 거장이 됐을 때 모여서 했다는 말은 의미심장하다. "요즘 애들은 기본기가 안 돼 있어."

인류가 갖고 있는 예술에 대한 미적 인식은 경험의 축적과 거기에 불어넣은 특정계층의 인식이 강하게 스며들어 '권위'라는 강력한 가치체계를 만들었다. 예술은 흐르는 것이다. 그렇다면 예술에 대한 인식 또한 흘러야 한다. 예술과 예술에 관한 인식 또한 흘러야 한다. 흐름이 멈추고 고이면 썩는다. 그러니 예술을 판단할 때 눈치 보지 말고 자기 생각과 가치를 떳떳이 말하자. 예술은 답이 없다, 해석만이 있을 뿐이다.

우리는 왜 예술을 종교로 보려는 것일까. 예술은 '예수'가 아니라 '예술'이다.

2

예술 활동을 펼치는데 있어 여러 가지 지원금을 받는 것은 의미 있는 일이다. 지원금을 받기 위한 노력과 자신의 예술이 인정받고 있다는 것이 증명되는 것일 수도 있기 때문이다. 그러나 지원금을 받기 위해 노력하는 것과 시장경제 구도에서 진정성을 갖고 작품으로 돈을 벌기 위해 노력하는 것이 실질적으로 무엇이 다를까?

지원금을 받는 것은 의미 있는 일이지만, 지원금에 의존하여 자생력을 잃는 것은 위험한 것이다.

현대사회에 소수를 위해 작품을 만드는 것과 다수를 위해 만드는 것 중 어떤 것이 중요할까. 아니면 자신을 위해 작품을 만드는 것은 어떨까.

상업성을 위해 작품을 만들면 작품에 손상이 간다거나 질이 떨어진다고 생각하는 예술가들도 있다. 물론 작품 자체가 상업성에 치우치면 그럴 수도 있다. 그렇다고 지원금을 받기 위해 심사에 관련된 사람들과 평론가, 전문 예술가들을 위해 만든다고 해서 작품의 질이 좋은 것이라고 판단할 수 있을까.

최소한 공연예술은 관객이 비용을 지불하고 관람한다는 의미에서 예술을 서비스의 관점으로 바라볼 수 있어야 한다. 그런데 예술은 신성하다는 기준을 내세워 작품이 난해하고 심오하여 관객에게 어필할 수 없어 지루함을 느끼게 한다면 문제가 있다. 나도 솔직히 이런 작품을 보면 힘들고 지루하고 시간이 더디게만 느껴진다. 내가 단언하고 싶은 것은 난해함과 심오함을 예술의 주된 요소로 사용한다고 해서 멋지고 고급스러운 예술이 되는 것은 아니라는 점이다.

최소한 공연예술에서는 그렇다고 생각한다. 특히 예술이라는 것을 내세워 난해함과 심오함을 내세우는 것은 예술에 대한 안일한 관점이라고 본다. 관객은 돈을 내고 스트레스를 받으러 오는 것이 아니라, 스트레스를 풀려고 온다. 어떤 분들은 난해함에 내재한 여러 요소가 관객을 생각하게 만든다고 주장할 것이다. 물론 그럴 수도 있다. 그런데 관객이 전혀 이해할 수 없거나 공연에 대해 교감하지 못한다면 그것은 실패한 것이며, 작품을 만든 창작자의 오만이다. 아니면 자신이 작품에 대한 목적의식을 명확하게 하지 않았던가, 무슨 작품을 만들었는지 이해하지 못하는 것일 수도 있다. 만약 작품을 예술가 자신만의 것으로 한정시킨다면, 그냥 집이나 작업실에서 혼자 즐기는 것이 가장 바람직하다. 그렇게 하면 최소한 다른 예술가들에게 피해는 주지 않을 것이다. 관객들은 기대와 설렘을 갖고 공연장을 찾았는데 엄청나게 심각하고 재미없는 공연으로 실망하게 된다면 이와 유사한 공연예술 장르에 대해 불편함과 불신을 가질 수 있으므로 위험하다는 것이다. 이러한 작품들에 대해 온갖 예술이론을 내세워 정당화 또는 합리화시킬 수는 있겠지만, 어쩌겠는가, 내가 몸담고 있는 공연계의 현실은 내가 걱정하는 것처럼 되고 있는 것만 같다.

예술가들은 작품의 신성함과 자율성을 내세울 수도 있겠지만, 그런 것으로 관객에게 공연료를 요구하는 것은 시대착오적인 가치관이다. 그러한 예술적 가치들은 전 근대적인 모더니즘 시대에 형성된 것들이기 때문이다. 이제는 좀 버렸으면 한다. 아니면 제대로 이해했으면 좋겠다. 그러한 예술 사조를 제대로 이해한다면 난해함을 명확하게 표현하여 관객에게 난해함에 대한 흥미와 이해를 유도할 수 있기 때문이다. 뜻깊은 이해에 진정성이 보태지면 예술의 난해함에 대해 단순하고 명쾌하게 해석하여 심오함의 매력을 발산할 수 있다고 본다. 이런 것의 난해함은 흥미요 끌림일 것이다.

이러한 이야기들이 지원금과 무슨 상관이 있느냐고 반문할 수 있지만 나는 관련이 있다고 생각한다. 이러한 얘기들이 지원금 때문에 일어난 문제라고 판단하기 때문이다. 지원금에 의존하게 되면 작품을 만들 때도 차기 지원금을 타기 위해 그와 관련된 소수 권력층의 취향에 맞추려는 경향이 있다. 그로 인해 작품은 일반관객과의 교감이 이루어지지 않게 된다. 예술이라는 것이 무조건 고귀하고 고급스러운 신성한 영역을 갖고 있다고 굳게 믿기 때문이다. 그것이 뿌리깊은 오해라는 것은 추호도 의심하지 않는다.

그렇다면 왜 관객과의 교감을 못하게 되는 것일까. 계속 얘기했듯이 지원금 심사에 관련된 사람들의 취향에 맞추기 위해서는 전통을 단절하는 것이 힘들게 된다. 그것도 파격적인 실험이라면 더욱더 어렵다. 그렇게 되면 그들의 세계에서 낙인이 찍히게 된다. 그러니 실력과 능력이 있어도 지원금을 위해서라면 하고 싶은 것을 억누르고 그분들의 입맛에 맞추어야 한다. 너무 대중적이면 유치하다 할 것이고, 상업적이면 예술이 아니라 할 것이며, 너무 단순하면 자신의 약점이 속속히 드러날 것이니 가장 좋은 방편은 이제껏 배워왔고 보아온 난해하고 심오한 스타일을 변화시켜 재생산하는 것이다.

우연히 대박이 날 수도 있으니 거기까지는 괜찮다. 그러나 안타깝게도 아직까지 우연히 대박을 낸 무용작품은 없다. 대박이 났다는 것은 우리와 함께 길에서 만나고, 만원 버스에서 만나고, 출퇴근 시간에 지하철에서 만나고, 식당에서 함께 밥 먹는 그들의 세계를 이해하고 공감을 일으켜 자꾸 찾아보고 싶게 만드는 것이 그야말로 대박이 아닐까. 무용계를 비난하는 것이 아니라 안타까워서 그러는 것이다. 뛰어난 무용안무가들의 좋은 작품도 많이 있지만 그들의 작품이 일반인에게 폭넓게 알려지지 않아 이제껏 대박이 나타나지 않았을 수도 있다.

문제점은 여기서 끝나지 않는다. 지원금으로 이루어진 작품은 지원금 정책과 관련된 사람들의 취향에 집중하게 되면서 일반관객의 취향을 소홀히 할 수 있다. 특히 공연 표를 판매하기 위해서는 안무자나 출연자들의 지인들을 통해 해결하는 경우가 비일비재하다. 홍보비가 부족하고 공연날짜가 얼마 남지 않을 경우 지인을 통해 판매하는 것이 가장 효과적이기 때문이다. 그러나 이렇게 편하게 표를 판매하면 장기적으로 지금과 같은 현상이 계속 반복될 것이다. 일반관객을 겨냥해서 표를 홍보하고 판매해야 지속적으로 일반관객을 확보할 수 있는데, 그것을 하려면 많은 시간과 일손 그리고 돈이 필요하다. 그런데 지원금은 한정돼 있고 그 돈을 작품에 할애하기도 벅찬데, 홍보비까지 부담한다는 것은 어려운 일이다. 어차피 지인을 통해 판매하면 안무자의 권위와 능력에 따라 매진은 약속된 것이기 때문이다.

하지만 관객은 작품이 좋아야 모이는 것이다. 예를 들어 빵을 팔고 있다고 치자, 빵이 맛도 없고 다른 빵과 차별성이 없어서 안 팔렸다고 하자. 그래서 내놓은 아이디어가 겉표지를 식욕을 돋우는 디자인으로 바꾸는 것이다. 당연히 심리를 자극하여 단기적으로 빵을 팔 수는 있다. 그러나 장기적으로 봤을 땐 그 빵을 먹은 사람은 실망과 불신 속에서 그 빵을 다시는 찾지 않을 것이다. 결국 근본적으로 빵 맛이 변해야 입맛도 변한다는 것이다.

이처럼 지원금에 의존하여 작품을 만들게 되면 그만큼 관객에 대한 배려는 자연스럽게 줄어들 수 있다. 경제적 사정을 완화해 주는 것은 지속적인 지원금인데, 어찌 관객들의 취향을 고려하여 소중한 관람료로 경제적 사정을 해결하겠다고 엄두를 낼 수 있을까.

지원금은 창의적인 예술을 발전시키는 데 필요하지만, 창작이 반복적인 기술로 전락하게 된다면 지원금에 대해 근본적인 문제를 심사숙고해봐야 한다. 무엇보다 예술에 있어 지원금에 의존하는 것은 병폐다. 예술가에게 필요한 것은 자생력이다.

예술가들이 가난을 당연하게 받아들인다는 것을 이해할 수 없다. 흔히들 배가 고파야 진정한 예술이 나올 수 있다고 한다. 전혀 근거 없는 얘기는 아니겠지만, 전혀 말도 안 되는 자기합리화다. 성공한 예술가들 중에는 부자들이 많다. 최소한 형편이 나쁘지는 않다. 그리고 예술가로 성공하기 전부터 부자였던 예술가도 많다. 과연 가난해서 성공한 예술가들이 부자였던 예술가보다 많을까. 그들의 삶을 인간승리라는 휴머니즘 드라마적인 측면에서 조명해 대중들에게 더욱더 널리 알려져 있을 뿐이다. 많지 않은 경우를 근거로 우리는 예술가는 가난하다고 얘기하고 있는지도 모른다. 그렇다고 예술가는 가난하다는 것을 당연하게 받아들이면 안된다. 그러면 영영 우리는 가난에서 벗어나지 못할 것이다.

예술가는 부자여야 하며, 부자가 될 수 있다. 이것은 그저 세속적인 이야기가 아니라 예술가는 부자가 될 수 있을 만큼 노력하고 있으며 헌신하고 열정으로 일하고 그만큼의 가치를 지니고 있다. 그런데 그들은 예술가는 가난해야 한다고 스스로를 세뇌하면서 기회가 있어도 쉽사리 부자가 되지 못하는 것이다. 그 이유는 작품을 돈이라는 것과 관계 지어 측정하거나 사업적으로 활용하면 안 된다는 근거 없는 불문율을 따르고 있기 때문이다.

기존의 예술에 대한 관점을 바꾸면 예술가의 삶도 바뀔 것이다.

예술가이자 경제학자인 한스 애빙의 저서 〈왜 예술가는 가난해야 할까〉는 후원금과 지원금에 대해 경제학적으로 접근해 여러 문제점들을 다루고 있다. 예술가가 가난할 수밖에 없는 이유 중의 하나로 제기하는 것이 있다. 특히 그는 예술가라는 직업은 확실히 매력적이라고 한다. 그래서 예술을 직업으로 하는 사람들이 줄지 않고 계속해서 늘고 있는 것이라고 한다. 그런데 공급은 많으나 수요가 적다는 것이다. 그나마 적은 인원의 수요층도 대부분 예술가의 지인들로 이루어져 있다는 것이다. 그리고 지원금은 한정되어 있는데 지속해서 예술가는 늘고 있으니 지원금을 그만큼 받기 힘들다는 것이다. 한스 애빙은 여기에 대한 해결책을 직접 제시하지는 않았지만, 그가 제시하는 은밀한 방식을 내나름대로 이해하고 있다. 해빙은 예술가지만 경제학자로서 예술뿐만이 아니라 세상에 존재하는 모든 것들은 돈 문제로 제한을 받는다고 주장한다. 즉 돈이 없어서 사라진 것들이 많으며 그렇다고 이러한 것들이 가치가 있다고 해서 무조건 정부예산으로 지원했더라면 엄청난 예산이 들어갈뿐더러 인위적인 보호의 가치로만 기능하게 되어 그 자체도 비효율적인 것이라고 지적하고 있다. 따라서 예술도 정부가 나서서 지원하기보다 소비자의 선택으로 형성되는 시장의 판단에 맡겨야 한다고 생각하고 있다.

예술작품이 지닌 특성을 살려 시장경제 속으로 들어가야 한다는 것이다. 시장경제라는 말은 간단히 말해 상업성이다. 자신의 작품을 판매하여 돈을 버는 것이다. 물론 순수 예술가들에게 상업성은 진정한 예술의 가치에 부정적인 영향을 미친다고 생각하고 있는 것이 보편적이다. 그러나 애빙은 그것에 대해 다른 시각을 가져야 한다고 주장한다.

"나는 시장 가치 이외의 수많은 사회적 환경이 예술적 가치에 영향을 미친다고 생각한다. 시장 가치만이 예술적 가치에 부정적인 영향을 미친다는 의견에 동의하지 않는 이유이다. 물론 시장 가치 역시 예술적 가치에 영향을 미칠 수 있다. 또 예술적 가치를 하락시킬 수도 있지만 상승시키는 경우도 있다."

여기에서 사회적 환경이란 바로 돈이 없으면 가난해지고 그만큼 비용이 부족하니 자신의 작품에 영향을 미친다는 것이다. 즉 돈이 많으면 그만큼 예술가의 환경이 좋아져 예술에도 좋은 영향을 미칠 수 있다고 보는 것이다. 물론 예술가적 마인드에서 해석하자면 다른 결과가 나올 수 있으나 애빙은 경제학적 관점에서 판단한 것이다. 애빙은 시장 가치와 예술적 가치는 상호의존적이라고 판단하고 있다. 시장 가치를 얻기 위해서는 그에 어울리는 작품을 창작해야 한다. 그런데 예술적 가치만을 추구하게 되면 결국에는 지원금이라는 좁은 영역에 계속 발을 디디게 된다는 것이다. 그렇게 되면 예술적 재능보다 지원금을 받느냐, 못 받느냐가 예술가에게 커다란 영향을 끼친다는 것이다. 이렇듯 예술가들은 자신의 경제난을 해결하고 작품의 수준을 위해 정부의 지원이 필요하다고 믿으며, 가난한 예술가들은 정부의 지원에 대해 불만을 갖고 예술적 에너지를 분노로 낭비하고 있다는 것이다. 나 역시 활동하면서 이러한 경험을 해보았으며 주변의 예술가들도 이러한 이유로 고통 받는 것을 자주 볼 수 있었다. 특히 불만을 가진 분들 중에서 자신의 작품을 냉정하게 들여다보지 못하고 제도에만 그 탓을 돌리고 비난하는 모습을 보기도 했다.

여기에서 중요한 점은 작품 활동을 나 스스로가 결정하는 것이 아니라 지원금 결정에 관련된 사람들에 의해 예술적 재능을 펼칠 수 있게 된다는 것이다. 그래서 애빙이 강조하는 것이 바로 자생력이다. 자생력이 있으려면 사회적 환경이 좋아져야 한다. 그렇기 위해서는 시장 가치에 접근할 수 있는, 소비자의 취향을 고려한 상업성이 절대적으로 필요하다.

애빙은 예술가와 예술에 진지하게 관련된 사람들은 일반적으로 시장 가치보다 예술적 가치가 중요하다고 믿는다고 한다. 특히 그들은 예술세계에서 예술 가치와 관련된 문화적 힘의 중요성은 높게 평가하는 반면, 사회적 환경과 관련된 경제적 힘의 중요성은 과소평가한다고 얘기한다. 그러나 애빙은 이 두 가지에 태도에 대해 "현대사회에서는 예술과 자본, 예술적 가치와 시장 가치, 신성함과 실용성, 영적인 것과 물질적인 것 사이의 투쟁이 계속되고 있다. 이러한 투쟁은 사회적 주도권을 차지하기 위한 집단 간의 경쟁"이라고 판단한다.

오늘날에도 암묵적으로 예술적 가치와 시장 가치가 투쟁하고 있는 것이 사실이다. 투쟁하는 이유는 두 가지 모두 중요하기 때문이다. 순수예술이냐, 상업적인 실용예술이냐 하면서 예술적 잣대를 갖다 대고 판단하고 있다. 현대사회에서는 순수예술과 실용예술의 구분이 사라진 것은 단지 오늘만의 일이 아니다. 1950년대 포스트 모더니즘 이후로 무너졌다고 볼 수 있다. 그런데 아직도 이러한 근대적인 예술적 잣대로 예술작품을 판단하려는 경향은 개선되어야 할 구시대적인 개념이다. 특히 그러한 이유 중의 하나가 사회적 주도권 경쟁으로 볼 수 있다. 사회적 주도권 경쟁은 다양한 해석을 낳게 되는데 이는 조심스럽게 다가서야 한다. 기존의 방식을 지켜온 분들이 새로운 세력에 의해 자신의 위치가 위협받게 될 수도 있다는 그런 해석의 여지가 존재하기 때문이다.

애빙의 글을 자의적으로 해석한 면도 있겠지만 터무니없이 사실을 왜곡시킨 것은 아닐 것이다. 무엇보다 지원금에 대해 부정적으로 생각하지도 않는다. 현장에서 예술을 하는 사람으로서 지원금제도에 대해 긍정적으로 판단하고 있다. 지원금에 대해 찬

성하고, 그것에 대해 긍정적인 평가를 하는 점에도 동의한다. 하지만, 그 문제점을 확실히 진단하고 넘어가야 한다. 애빙은 이에 대해 이렇게 얘기하고 있다.

> "예술가들이 소득수준이 낮기 때문에 정부의 지원은 반드시 필요한 것이다. 나 역시 이러한 주장에 동의한다. 하지만 정부 지원으로 인해 예술세계는 더욱더 가난해지고 있다. 장기적으로 볼 때 정부지원은 성과를 거두지 못했고, 심지어 문제를 악화시키기도 했다."

소비자의 취향을 맞추지 못하고 지원금에 관련된 사람들에게 편중된 입장에서 작품을 창작했기 때문에 대중과 멀어졌고 그로 인해 예술가들은 경제적 사정을 완화하기 위해 지원금에 더욱더 의존하게 되는 현상인 것이다.

애빙은 이러한 사례로 연극 후원금을 들고 있는데, 어느 성공한 사업가가 후원 사업으로 연극단체를 선발하여 후원하게 되었다고 한다. 이 때문에 정부지원을 받고 있던 연극단체들도 배우들의 임금을 어쩔 수 없이 올려주게 되었다. 이로 인해 시간이 지날수록 정부지원이 줄어든 연극단체는 더욱 운영이 힘들어졌고 결국에는 후원한 사업가에게 종속되어 그의 취향을 받아들이게 되었다는 것이다.

이러한 점을 보더라도 대중의 취향을 만족시키는 작품만이 예술적 가치를 저하시킨다고 볼 수 없다. 오히려 소수 후원자들의 취향에 맞추는 예술은 대중의 취향에 맞추는 것보다 미래지향적인 관점에서 위험하다고 생각한다. 대중의 취향에 맞추게 되면 적어도 시장경제 체제에서 살아남아 자생력을 가질 수 있다. 그러나 소수 후원자에게 맞추게 되면 예술가는 그들에게 의존하게 된다. 그로 인해 성과를 거두지 못하고 문제를 악화시키는 것이다.

애빙은 공연예술의 비용 부담을 완화하려는 방안으로 관객수를 늘리는 것과 공연자의 수를 줄이는 것으로 생산성이 더 크게 향상될 것이라고 제시하고 있다. 현실적으로 해외공연을 가더라도 무용 팀의 공연자수가 많게 되면 이동수단과 숙식비용이 부담돼 공연자수가 적은 무용 팀을 선호하기도 한다. 또한 국내에서도 활동할 때 무용수가 많게 되면 그만큼 비용부담이 크게 된다. 그리고 무엇보다도 나와의 주장과 일치하는 부분이 관객수를 늘리는 것인데, 이것에 필요한 것이 바로 예술작품의 상업성이다. 즉 자신의 예술성과 관객의 취향을 고려한 작품은 예술의 가치를 손상시키지 않으면서도 상업적인 성공을 거둘 수 있다는 것이 나의 주장이다. 예술의 '신성함'을 근거 없이 무조건 신봉하고 작품이 심오하고 난해해지면 관객에게 어필하기 힘들어진다. 그렇게 되면 그만큼 관객수는 줄게 되는 것이다.

애빙은 신성함에 대해 이렇게 얘기하고 있다.

"오늘날 우리 사회는 예술의 신성함을 높이 떠받든다. 예술가들은 예술의 신성한 지위를 공유한다. 예술가들은 경제적 어려움에도 불구하고 예술의 신성한 지위를 누리기 위해 예술가의 길을 포기하지 않는다. 결국 예술의 신성한 가치가 예술세계의 빈곤현상을 더욱 악화시키는 셈이다."

무용작품 속에 안무자만의 주관을 추상적으로 표현한 것은 관객이 이해할 수 없는 것이 되고 이해할 수 없으면 공감하지 못하고 작품과 관객의 소통은 단절된다. 그리고 관객은 이해될 수 없는 것에 매력을 느끼지 못할 가능성이 크다. 그러므로 관객수는 점차 줄어들고 안무자와 무용수들은 더욱더 빈곤해지고, 이러한 빈곤을 지원금으로 해결하려고 할 것이다.

예술을 신성시하는 태도가 생긴 것은 19세기에 자유분방한 예술가들이 등장하기 시작하였는데 대부분 가정 형편이 좋았기 때문에 작품 판매에 별로 관심이 없었다. 가난하지 않았기 때문에 그들은 타인을 의식하지 않고 자기들만의 방식을 고집하며 자기 식으로 예술을 창작했을 것이다. 이러한 자유분방한 예술가들의 작품이 알려지면서 그들의 예술적 매력은 20세기 예술가들에게 영향을 미치기 시작했다. 그들의 영향으로 예술가들의 자율성이 강조되면서 예술가에 대한 인식들이 변화하기 시작한 것이다. 20세기에는 예술작품이 점점 더 그 가치를 인정받고 그에 따라 신성한 지위도 상승하게 되었다. 그로 인해 예술의 신성한 지위가 예술의 가치를 판단하는 기준이 되어버린 것이다. 여기서 우리는 알아야 할 점이 있다. 예술작품이 아무리 위대하더라도 작품이 만들어질 당시의 사회적 관습과 연결되어 있다는 것이다. 특히 예술작품은 객관적인 기준이란 존재하지 않기 때문에 현재의 사회적 관습으로, 그리고 자신의 기호로 작품을 판단해야 한다.

여기에서 제기하는 상업성은 돈만을 위한 작품이 아니라, 예술가의 정신이 스며든 진정성이 깃든 작품으로 전문가의 테두리를 넘어 공감할 수 있는 소통의 가치를 지닌 것을 지향해야 한다는 것이다. 즉 자신의 예술적 가치도 주장하되 소비자의 취향도 충분히 고려해야 한다는 것이다.

1960~1985년의 기간 동안 유럽의 정부들은 엔터테인먼트 분야보다 떨어지는 순수예술 분야의 가격 경쟁력을 높이기 위해 다양한 지원정책을 시행했지만 연극이나 클래식 음악에 대한 1인당 소비는 감소했다. 오히려 지원하지 않았던 엔터테인먼트 공연과 대중음악의 경우 1인당 소비가 증가했다. 이 사례를 통해 알 수 있는 사실은 순수예술 시장의 위축은 소비자의 취향 변화

가 주된 요인이라는 것이다. 지원금을 통해 작품 창작을 지원해도 소비자의 취향을 고려하지 않는다면 예술가는 계속 가난할 수밖에 없다는 것이다. 이것은 지금 우리의 현실에도 그대로 적용된다. 소비자의 취향을 고려하지 않는다면 지원금을 받는다 해도 예술 활동은 위축될 수밖에 없다. 그러니 예술의 신성함이라는 근거 없는 신념의 도그마에 빠져 허우적대지 말고 현재 사회의 경향을 파악하여 소비자의 취향과 자신의 예술성을 접목한 상업적인 예술작품의 창작을 진지하게 고민해야 할 것이다.

우리는 왜 모르고 있는가! 예술은 신성한 고등사기라는 것을…

은행가들이 모이면 예술을 논하고,
예술가들이 모이면 돈을 논한다.

_ 오스카 와일드

Ⅲ

우리 춤 예술의
민족성을 찾아서

사회적 행위

단재 신채호 선생은 인류의 행위 중에서도 사회적 행위만이 역사적 행위가 될 수 있다고 했다. 또한 함석헌 선생은 한국의 역사는 고난의 역사여서 아직 정치, 문화, 예술 등 세계에 내세울 만한 것이 없으며, 있다 해도 세계에 영향을 줘 변화시킨 것이 없다고 했다. 한국문화의 수준이 뒤떨어져서가 아니라, 일제강점기와 6·25전쟁을 거치면서 그나마 남아 있던 유산마저도 파손되는 참으로 슬픈 역사를 겪어왔기 때문이라는 것이다. 그동안 고난의 역사를 거치면서 한국의 전통문화를 재발견하고 세계에 알리고 발전시키려는 진지하고 심도 있는 연구가 부족할 수도 있었을 것이다. 5000년에 가까운 역사를 지니고 있으면서도 세계에 영향을 끼친 문화가 없다는 사실이 한국인으로서 또한 한국에서 활동하는 문화예술인으로서 안타까운 일이기도 하다.

지난 1000년 동안 세계의 변화에 가장 커다란 영향을 끼친 중요한 사건으로 독일의 구텐베르크 금속활자가 손꼽힌다. 인류는 독창적인 생각과 그에 따른 행동을 통해 변화했으며 그 위대한 생각과 행동들은 문자로 전해져왔다. 구텐베르크의 금속활자는 그런 문자의 전달력을 획기적으로 향상시켰다.

우리나라에도 독일의 구텐베르크보다 훨씬 앞선 금속활자 인쇄본으로 〈직지〉가 있다. 〈직지〉는 백운이라는 호를 가진 승려 경한(白雲 景閑 1298~1374), 즉 백운 스님이 1372년 성불산 성불사에서 145가지의 법어를 가려 상하권으로 편집하여 저술한 불서이다. 요하네스 구텐베르크(Johannes Gutenberg, 1397~1468)가 발명한 인쇄술이 정확히 언제쯤 완성되었는지에 대해서는 의견이 분분하지만, 자신의 고향이었던 마인츠에서 1455년 〈구텐베르크의 성서〉 또는 〈42행성서〉로 불리는 두 권으로 이루어진 천 페이지가 넘는 성서에 관한 책을 만들었다고 한다. 우연의 일치이지만 역사적인 책 두 권 모두 종교에 관한 내용을 담고 있다.

우리나라의 인쇄술로 만든 〈직지〉는 구텐베르크의 인쇄술보다 무려 78년이나 앞서 있다. 그러나 2001년이 되어서야 박병선 박사의 노력으로 유네스코에 세계기록문화유산으로 등재되었다. 이처럼 우리나라의 뛰어난 기술이 구텐베르크의 인쇄술보다 사회적인 영향력이 미흡했던 이유는 무엇일까?

직지는 소수인 특정 계층만을 대상으로 했지만 구텐베르크의 인쇄술은 글을 읽고 쓸 수 있던 종교계와 특정계층의 귀족뿐만 아니라 일반사람들까지 책을 읽을 수 있는 기회를 제공했기 때문이다. 인쇄술의 대중화를 계기로 위대한 지식과 행동을 문자를 통해 모든 사람들이 습득할 수 있었으며, 그로 인해 사회 전반으로 영향을 미쳐 점차 변화를 일으켰기 때문이다. 그동안 양피지나 종이에 필사 작업을 통해 오랜 시간이 필요했던 지식 전달이 구텐베르크의 인쇄술에 의해 폭발적인 발전을 이루었던 것이다. 짧은 시간 안에 대량으로 책을 생산해낼 수 있었으며, 가격도 저렴해지고, 누구나 쉽게 누릴 수 있는 환경이 주어진 것이다. 소수만이 공유하던 귀중한 지식들이 대중에게까지 전파되어 마침내 흩어져 있던 개인들이 사회적인 의견을 형성할 수 있는 힘을 갖추게 된 것이다. 이러한 사회적 행위는 특정 계급의 소수에게 편중되지 않고 다수가 소유하고 공유할 수 있는 행위로, 개인이나 단체가 자유롭게 습득하고 사유하며 그것을 행동으로 옮김으로써 보다 나은 문화로 거듭날 수 있는 변화의 힘을 지니게 된 것이다.

이렇듯 문화에서 가장 중요한 요소는 사회적 행위로 파생된 영향력을 통해 가치를 변화시키는 힘이다. 사회적 행위가 이루어지는 방식에 따라 영향력에 대한 평가가 전혀 달라지는 경우도 있다. 전기공학자인 니콜라 테슬라와 발명왕 에디슨의 경우가 좋은 예가 될 수 있다. 에디슨과 마찬가지로 테슬라 역시 전기공학의 역사에 남을 만한 획기적인 발명을 했다. 하지만 테슬라의 발명은 분명 획기적인 것이었지만, 그 분야의 전문가들에게만 의미있는 것이었다. 그러나 에디슨의 경우 전문가와 일반사람 모두에게 영향을 끼쳐 일상생활에 커다란 변화를 일으켰기 때문에 우리는 테슬라보다 에디슨을 더 중요한 인물로 기억하고 있는 것이다.

단재 신채호 선생은 사회적 행위에 대해 언급하면서 시간과 공간에 따라 역사적 가치가 크게 달라지게 된다고 했다. 지오다노 브루노(1548~1600)와 조선시대의 학자인 김석문(1658~1735)은 똑같이 지동설을 주장했지만 브루노는 유럽국가에 탐험 열기를 일으켜 아메리카 대륙을 발견하는 영향력으로 이어진 반면 김석문의 학문은 그런 영향력을 낳지 못했다. 또한 400여년 전의 정여립(1546~1589)은 임금과 신하의 수직적인 관계를 강조하는 군신강상론(君臣綱常論)을 타파하려는 혁명적인 위인으로 평가할 수 있지만, 〈사회계약론〉을 저술한 루소(1712~1778)와 대등한 역사적 인물로 평가되지 않는다. 정여립의 영향으로 그 당시의 노비나 하층민 사이에서 양반을 몰아내기 위한 움직임이 잠깐 동안 일어났을 뿐이지만, 루소의 영향으로 촉발된 프랑스 혁명에는 비길 수 없기 때문이라고 했다.

이처럼 정신과 행동에서 비롯된 위대한 업적은 사회적 영향력으로 인한 변화의 파급력을 기준으로 역사적 가치가 달라진다. 이것은 영향력에 의해 변화되어 사회적 행위로 진화한 역사적 가치를 얘기하는 것이지 그 업적의 질을 평가하는 것은 아니다. 직지도 마찬가지다. 아무리 구텐베르크의 영향력이 세계를 움직였다고 하더라도 직지는 직지만의 고유한 가치를 지니고 있다. 만약 우리에게 잘못이 있다면 함석헌 선생이 "재능으로 말하자면 세계에 자랑할 만한 독창적인 여러 가지 발명이 있다. 다만 그것을 키우지 못한 것이 죄다"라고 했던 것처럼 직지를 새롭게 조명할 필요가 있다. 직지는 우리 문화가 세계적으로 인정받을 가치가 있다는 것을 보여주었고, 그만큼의 잠재력이 있다는 증거이기도 하다. 우리는 이 뛰어난 유산을 통해 과거와 현재와 미래가 연결되어 흐를 수 있는 정신과 행동을 만들어내야 한다. 우리에게 부족한 것과 뛰어난 것을 명확히 알고 있어야 미래를 준비할 수 있는 것이다.

사대주의 비판

우리의 문화유산에 대해 객관적인 판단없이 막연하게 무조건 감싸고 좋은 것으로 생각하는 경향이 있다. 물론 문화유산을 사랑하는 것은 좋지만 그것에 대한 역사와 가치를 제대로 인식하지 못한다면 무용한 유산으로 남을 수 있으며 그 소중한 가치는 전달되지 못한다. 문화재는 우리의 것이고 우리를 되돌아볼 수 있어 소중한 것이다. 그러나 문화재는 우리가 사용할 수 없는, 그러니까 박물관에 전시된 것으로 실생활에서 사용하기 힘든 것들이다. 예를 들어 신라 왕관은 문화재로 소중한 문화유산이지만 사용할 수는 없다. 그러나 그 시대의 왕관을 현대적으로 해석하여 한국인이 실생활에 적용할 수 있는 것으로 재구성한다면 그것은 살아 있는 유용한 문화가 되는 것이다. 함석헌 선생도 '문

화는 자연 변천으로 오는 현상의 과정을 내 속에 있는 어떤 정신
적 발전 혹은 창작의 기회로 삼는데서 시작된다'고 하셨다. 여기
에 덧붙여 나는 '문화재는 멈춰 있지만, 문화는 흐르는 것'이라
고 생각한다. 멈춰 있는 것을 바탕으로 새롭게 창작하여 다음 세
대에 흐르도록 하는 것이 문화의 본질이라고 생각한다.

　이렇듯 문화라는 것은 문화재라는 전통적 양식을 기반으로 현
재의 삶에 적용할 수 있는 우리만의 '국수(國粹)'를 갖춰야 한다.
국수란 한 나라의 민족이 지니고 있는 고유한 장점을 아우르는
말이다. 이는 우리가 오랫동안 이어온 제도, 습관, 풍속 등에 담
겨 있는 정신으로서 역사, 문화, 민족성의 장점을 뜻하는 것이기
도 하다.

　독특한 장점을 지닌 문화를 이루기 위해서는 무엇보다도 역
사적으로 이어온 삶과 정신을 뚜렷하게 드러낼 수 있는 민족성
이 있어야 한다. 그런데 지정학적인 이유가 가장 크겠지만 장점
을 드러내야 할 민족성을 보란 듯이 나약하게 만드는 사대주의
정신이 깊게 뿌리내려 있다. 대륙으로부터 전달된 사상들이 우
리의 고유한 문화로 흡수되어 발전되는 과정에서 사대주의라는
부작용이 자리잡은 것이다.

　근대에 들어와서는 서구 민주주의가 도입되어 새롭게 정착하
는 과정에서 강대국인 미국과 유럽 그리고 일본의 문화를 숭배
하는 사대주의적인 경향이 나타나기도 했다.

사대주의 비판에 대해 백범 김구 선생은 〈백범일지〉에서 이렇게 밝히고 있다.

무릇 한 나라가 서서 한 민족의 국민생활을 하려면 반드시 기초가 되는 철학이 있어야 하는 것이니, 이것이 없으면 국민의 사상이 통일되지 못하여 더러는 이 나라의 철학에 쏠리고 더러는 저 민족의 철학에 끌리어, 사상과 정신의 독립을 유지하고 못하고 남을 의뢰하고 저희끼리는 추태를 나타내는 것이다.

오늘날 우리의 현상을 보면 로크의 철학을 믿으니 이는 워싱턴을 서울로 옮기는 자들이요, 또 더러는 마르크스-레닌-스탈린의 철학을 믿으니 이들은 모스크바를 우리의 서울로 삼자는 사람들이다. 워싱턴도 모스크바도 우리의 서울은 될 수 없는 것이요 또 되어서는 안 되는 것이니, 만일 그것을 주장하는 자가 있다면 그것은 예전 동경을 우리 서울로 하자는 자와 다름이 없을 것이다.

우리의 서울은 오직 우리의 서울이라야 한다. 우리는 우리의 철학을 찾고, 세우고, 주장해야 한다. 이것을 깨닫는 날이 우리 동포가 진실로 독립정신을 가지는 날이요, 참으로 독립하는 날이다.

지금까지 교육을 받으면서 우리의 철학으로 우리의 삶을 변화시키려는 강한 흐름을 아직 경험하지 못한 것 같다. 우리만의 민족성이 담긴 생각과 철학을 이 시대에 반영하는 뜻 있는 행보를 인상 깊게 경험한 경우가 드물기 때문이다. 그리고 '독립'은 나라의 독립을 일컫는 것뿐만 아니라 우리나라의 정신과 삶이 묻어난 문화가 타국의 문화에서 독립하는 것을 뜻하는 것이기도 하다.

신채호 선생은 1925년 동아일보에 기고한 '낭객의 신년 만필'에서 이러한 경향에 대해 밝힌다.

> 우리나라에 부처가 들어오면 한국의 부처가 되지 못하고 부처의 한국이 된다.
> 우리나라에 공자가 들어오면 한국을 위한 공자가 되지 못하고 공자를 위한 한국이 된다.
> 우리나라에 기독교가 들어오면 한국을 위한 예수가 아니고 예수를 위한 한국이 되니 이것이 어쩐 일이냐.
> 이것도 정신이라면 정신인데 이것은 바로 노예정신이다
> 자신의 나라를 사랑하려거든 역사를 바로 읽을 것이며 다른 사람에게 나라를 사랑하게 하려거든 역사를 익혀 바로 알게 할 것이다.

부처, 공자, 기독교를 현재의 어떤 것으로 대입해도 비슷한 결론

을 이끌어낼 수 있다. 나는 이것은 신채호 선생의 사대주의 공식이라 받아들인다. 이 공식에 맞아 떨어질수록 사대주의는 엄연히 존재하고 진화하고 있다. 정치, 사회, 문화, 예술 모든 측면에서 이 공식에 대입해 보았으면 한다.

특히, 문화의 기반이 되는 예술 역시 이러한 경향에서 벗어나지 못하고 있으며 나의 전공 분야인 춤도 마찬가지다. 우리가 서양에서 받아들인 서양의 춤을 추면서 한국적인 춤으로 재해석하여 수용하는 경우는 드물다. 물론 우리 것으로 소화하려는 다양한 움직임은 있었지만 그 영향력은 아직 미흡하다. 무의식적으로 모두 서양의 춤에 환호하고 최고의 가치를 부여하면서 유럽의 라반 스타일, 미국의 그레이엄 스타일, 일본의 부토 스타일 등 외국의 춤을 좋아하고 그들의 문화를 비판 없이 받아들이려 한다.

특히 마사 그레이엄과 라반을 비판하는 것은 금기시하는 것으로 보일 만큼 그들의 문화를 비판 없이 수용하고 있는 것으로 보인다. 그들의 경험과 정신 그리고 삶으로 이뤄낸 춤을 우리는 왜 아무런 비판의식 없이 받아들여 최고의 것으로 인정하고 있는지 진지하게 생각해 보아야 한다. 문제점이 발견된다면 감쌀 것만이 아니라 냉정하게 받아들일 것과 고쳐야 할 점을 판단할 수 있어야 한다.

내가 몸담고 있는 힙합춤도 마찬가지다. 물론 한국 댄서들이 세계적인 활약을 통해 영향을 미치고 있기는 하지만, 아직도 미국에 대한 선망으로 사대주의적인 입장을 버리지 못하고 있다. 특히 오리지널과 관련된 외국댄서들이 역사나 용어에 대해 얘기하면 무비판적으로 받아들이고 그것이 무조건 옳다고 생각하는 점은 문제다. 미국의 오리지널 댄서들도 그들의 이해관계에 따라 역사나 용어를 진술할 때가 있다는 것을 잊어서는 안 된다. 아직 평가되지 않은 현재의 역사는 주관적이며 이해관계에 따라 달라질 수 있기 때문이다. 그들과 함께 연습도 해보고 역사에 관한 이야기를 직접 들어본 후로는 이런 생각이 더욱더 굳어졌다. 자신들과 경쟁관계에 있거나 싫어하는 댄서들에 대해서는 모른다고 시치미 떼는 경우를 간혹 보았기 때문이다.

이처럼 미국의 댄서들이 말하는 것을 그대로 믿고 그들이 주장하는 것을 비판 없이 받아들여 정설처럼 여기고, 한국적인 것은 전혀 고려하지 않는 것은 문제가 된다. 국제적으로 도약하기 시작했던 2001년 전까지 한국의 힙합춤은 비디오 영상을 통한 간접적인 방식으로 수용되었다. 직접적인 교류가 이루어진 후부터는 그들의 춤을 그대로 수용하지 않고 한국인에게 맞는 형식으로 변형시켜 한국적인 것으로 변화했다고 볼 수 있다.

경험적으로 보아 미국 댄서들은 대체로 자신들에게 이익이 되는 쪽으로 주장하기 때문에 신뢰도와 신빙성이 더욱더 떨어진다. 그들의 입을 통해 전해들은 것으로 우리의 힙합춤 문화를 판단할 것이 아니라, 우리가 독창적으로 만들어가고 있는 힙합춤 문화를 새롭게 인식하고 해석해야 할 것이다. 미국의 힙합역사는 미국인들에게 맡기고, 우리의 힙합역사는 우리가 애정을 갖고 새롭게 연구해야 한다. 간혹 미국의 힙합역사를 주된 내용으로 가르치는 경우를 보기도 하는데 마음 아픈 일이다. 그렇다고 한국의 힙합역사에 대한 정리도 없이 그냥 미국에서 탄생했으니 미국의 힙합역사를 배워야 한다고 생각하는 것 같다. 이제 좀 바뀌었으면 한다. 미국의 힙합 역사는 한국의 힙합 역사를 설명하기 위한 수단이지 목적이 아니다. 미국에서 비롯된 것이라고 해서 지금도 그들의 춤이 최고의 기준이 될 수는 없다.

신채호 선생은 노예적인 사대주의 역사가들은 신하가 되어 충성으로써 군주를 섬기듯 중국을 섬기고 한국의 역사도 중국에 잘 보이려고 중국의 치부는 가리고 중국을 군주처럼 표현한 역사가들에게 개탄했다. 지금은 한국의 힙합 역사가 그다지 중요하다고 생각하지 않겠지만 미래를 가늠하여 생각한다면 그렇지 않다. 고려시대 김부식의 〈삼국사기〉는 사대주의적인 태도에서 기술한 것이기 때문에 일정 부분 오류를 담고 있다. 그와 같은 실수를 반복하지 않으려면 노예적인 사대주의의 태도를 버리고, 그들의 문화를 존중하되 우리의 장점을 더욱더 발전시키고 드러낼 수 있어야 한다.

노예적인 사대주의는 무의식적인 습관이 되고 의식 속에 정착되기 때문에 그것에 대한 비판의식을 무디게 한다. 물론 비판만 하자는 것이 아니라 우리의 고유함을 살린 문화로 재구성하자는 것이다. 받아들이고 소화하여 우리 것으로 표현해내자는 것이다. 그렇게 하기 위해서는 외국 오리지널 댄서들의 눈치를 보지 말고 우리 것으로 밀어붙이는 기개가 필요하다.

국수주의를 주장하려는 것이 아니라 그동안 겪어오면서 깊어진 사랑 때문에 더욱더 애착을 갖고 우리 것으로 만들자고 제안하는 것이다. 나의 생각을 김구 선생님의 말씀을 빌어 밝히려 한다.

정주(程朱)의 방구를 '향기롭다'고 하던 자들을 비웃던 그 입과 혀로 레닌의 방구는 '달다' 하니, 청년들이여, 정신을 좀 차릴지어다. 나는 결코 정주학설의 신봉자도 아니고 마르크스와 레닌주의의 배척자도 아니다. 우리나라의 특성과 백성들의 수준에 맞는 주의와 제도를 연구 · 실시하려고 머리를 쓰는 자 있는가? 없다면 이보다 더 슬픈 일이 어디 있으랴.

'춤'이라는 언어의 중요성

춤과 무용에 대해서

김진명의 소설 〈글자전쟁〉은 언어의 중요성과 더불어 문화적인 자부심에 대해 생각해보도록 만든 작품이었다. 작가는 중국에는 없고, 한국에만 존재하는 한자를 제시하며 한자의 탄생에 대한 의문을 제기한다. 이제껏 일반적으로 알아왔던 한자가 중국인들의 의해 만들어진 것이 아니라 우리나라의 선조인 동이족이 세운 은나라에서 만든 것이라는 주장과 함께 한자가 아닌 '은자'로 불려야 한다는 주장도 담겨있다. 우리가 성인으로 알고 있는 공자도 은나라를 자신의 문화로 왜곡시켰다고 지적하고 있다. 아이러니하게도 성인 공자도 자기 나라의 치부를 감추려고 '춘추필법'으로 사실을 왜곡했다는 것을 단재 신채호도 지적하고 있다. 최근에는 여러 문헌을 통해 중국학자들도 대체적으로 동이족이 한자를 탄생시키는데 기여했다고 인정한다는 글을 읽은 기억도 있다. 언어는 그만큼 그 나라의 문화를 대표하는 것으로써 가장 중요한 위치를 차지한다는 점을 알 수 있다.

특히 다음의 글은 이 책의 내용을 함축적으로 표현하고 있다.

> "이것은 침략이다. 창과 칼의 침략보다 천 배는 무서운 침략. 천년이 흐르도록 우리를 지배하고 천하를 발밑에 두겠다는 무서운 음모를 가진 침략이다. 천하의 온 사람들로 하여금 저들을 흠모하고 숭배하게 하며 스스로를 멸시하게 만들겠다는 무시무시한 침략이다."

누구나 알고 있듯이 무력에 의한 침략보다 정신을 지배하게 되는 문화적인 침략이 훨씬 더 위험하다. 특히 문자의 힘은 생각을 지배하게 되고 생각은 행동을 지배하기 때문에 한 나라의 문화 속에서 언어는 더욱 더 중요하다.

그래서 나는 '춤'이라는 단어를 의식적으로 사용하곤 한다.

우리는 즐거운 마음으로 '춤'추러 가자고 하지 '무용'하러 가자고는 하지 않는다. 왠지 춤은 쉽게 다가설 수 있는 움직임을 지칭하는 것 같고, 무용은 그 춤을 전문화시킨 것처럼 들린다. 일상생활에서 은연중에 춤이라는 단어를 무용보다 낮은 단계의 개념으로 평가하는 경우도 있다. 왜 그런 이미지가 만들어진 것일까.

사회적으로 춤에 대한 부정적인 인상을 갖게 하는 몇 가지 사례를 찾아볼 수 있었다. 우선 일제강점기 때에는 주로 춤을 춘다 하면 술집과 권번에서 기생들이 추는 춤을 가리키는 것이었다. 또한 천민에 속하는 예인들이 유랑 예인집단이라는 패거리집단을 만들어 떠돌이생활을 하면서 거리에서 춤을 추었기 때문에 춤이라는 단어에 대한 인상이 형성된 것일 수도 있다. 그 후로 경제개발 붐이 일던 60~70년대에는 춤바람 때문에 부부관계가 파탄이 났다는 기사가 심심치 않게 등장해 은연중에 좋지 않은 인상을 심어주었던 것 같다. 이러한 일들로 인해 '춤'이라는 단어를 무대화된 전문적인 '무용'과 구별하기 위해 의도적으로 사용했던 것 같다.

그럼 '춤'은 무엇이고 '무용'은 무엇일까?

신명숙(2004)은 한국의 고대부터 사용해온 용어를 '춤'이라고 추측하며, 춤의 유형을 민속춤, 교방무, 궁중무, 종교 의식무로 나누고 있지만, 민속과 관련된 살풀이춤, 무당춤, 부채춤, 칼춤, 북춤, 탈춤 등을 '춤' 자를 부쳐 부르고 있다고 한다. '춤' 이란 언어는 자연스럽게 불린 것으로 민간인들이 즉흥적으로 출 때 사용했다고 보고 있다.

또한 '무용'에 해당하는 한국 고유의 언어는 '춤'으로 한자로 표기할 경우 '무(舞)'라는 외자를 덧붙여 처용무(處容舞), 학무(鶴舞), 승무(僧舞) 등으로 사용했다. 여기서 '무(舞)'의 춤 어원은 '추다', '추켜올리다', '받들다'의 의미로써 무속적인 행위를 의미하는 '무(巫)'에서 유래하였다.

'무용'이라는 용어가 처음으로 한국에 알려진 시기는 1914년으로 서양무용이 일본을 통해 조선에 알려지면서 신무용(新舞踊)이라는 용어가 유행하게 되고 이 때문에 무용이라는 단어가 매일신보 기사에서 사용되었다. 무용이란 용어를 만든 사람은 일본의 영문학자인 스보우치(坪內消遙)로 1904년 〈신악극론(神樂劇論)〉에서 처음 사용된 이후 보편적으로 사용하였다.

이처럼 '춤'이란 한국 고유의 언어로써 예부터 종교의식, 궁중행사, 마을행사에서 민간인과 양반이 함께 즐기던 놀이에서 이루어졌으며 한국인의 삶과 정서의 맥을 이어온 전통언어라는 것을 알 수 있다. 특히 '춤'을 발음하면 입술이 동그랗게 말려 오므라드는 움직임이 마치 한국미의 특징인 곡선을 나타내는 듯하며 동적인 움직임을 연상시켜 동사적인 느낌이 들게 한다.

무용이라는 언어는 일제강점기에 일본 유학을 통해 서양무용을 수용한 신무용가들인 최승희, 조택원 등이 공연하면서 자연스레 '춤'보다는 '무용'이라는 언어를 사용하게 되었다. 그렇다면 무용이라는 언어를 사용한 시기를 1914년 이후로 볼 수 있는데, 그전까지는 무용이라는 언어가 없던 시기로 춤이라는 언어를 사용했다는 점을 파악할 수 있다.

그렇다면 춤보다는 무용이라는 언어를 선택하여 사용한 이유는 무엇일까. 위에서도 설명하였지만 무엇보다 사회적인 관점에 의해 그렇게 되었던 것 같다. 백현순(2006)은 최승희의 신무용에 대해 고찰하면서 그 시대에는 춤을 천한 신분의 사람들이 추는 것으로, 신무용이 지닌 새로운 춤의 의미를 담아내지 못한다고 생각했기 때문에 스보우치가 만든 '무용'이라는 용어가 이 땅에 자리 잡게 된 계기가 됐다고 판단하고 있다.

그리고 최승희의 자서전 〈불꽃〉에서도 자신은 술집이나 권번에서 추는 '춤'과 다른 춤을 표현하고 싶어 했다는 점을 누차 강조하면서 언어적인 표현에서도 다른 것을 추구하고 싶었던 것으로 보인다.

따라서 일제 강점기에 춤을 전문적으로 추는 사람들은 주로 술집과 권번의 기생들이나 유랑예인집단인 남사당패 등에 의해 그 명목을 유지해 왔다. 기생과 남사당패의 사람들은 사회적으로 천민에 해당하는 신분이므로 춤을 추면 천하다는 이미지를 낳게 되었기 때문에 차별성을 두기 위해 춤이라는 언어보다는 무용이라는 언어를 더욱더 선호하게 된 것으로 보인다. 이처럼 현재의 '무용'이라는 언어가 전문적인 움직임을 표현하는 의미로서의 관용어로 사용하게 된 계기를 알 수 있다.

우리의 전통언어는 '무용'보다는 '춤'이라는 것을 확인할 수 있다. 그럼 춤이라는 언어를 국제적으로 사용할 경우 어떻게 해야 할 것인가 생각해 보아야 한다. 한 나라의 문화를 알리는데 있어 언어의 힘이 매우 효과적이다. 이러한 언어의 힘을 문화적인 가치로 여실히 보여주는 나라가 있다.

프랑스 안무가의 작품에 출연하기 위해 프랑스에 간 적이 있었다. 2014년 6~7월에 개최된 세계적인 무용축제인 몽펠리에 댄스 페스티발(Montpellier Danse Festival)에서 공연된 작품이었다. 무용축제의 국제표기를 살펴보던 나는 약간 놀랐다. 한국문화와 춤에 깊은 관심을 갖고 있던 나에게는 예사롭게 보이지 않았다. 자세히 살펴보니 영문인 댄스(Dance)가 아니라 프랑스어인 당스(Danse)로 표기해놓은 것을 발견했던 것이다. 국제적인 축제에서는 댄스라는 영문으로 사용하는 경우가 관례이지만, 특이하게도 '당스'라는 용어를 강조하고 있었다. 그것은 프랑스가 춤 문화에 대한 자부심을 국제적으로 알리겠다는 의도를 드러내고 있는 것이었다.

그리고 독일 안무가 피나 바우쉬(Pina Bausch)로 인해 발전한 탄츠테아터(Tanztheater)는 세계적으로 인정받고 있는 공연예술이다. '탄츠(Tanz)'는 영어로 '댄스(Dance)'라는 뜻이지만, '댄스시어터(Dancetheater)'라 불리기보다 독일어인 '탄츠테아터'로 강조하여 사용되고 있다. 특히 국제적인 무대에서도 댄스라는 용어보다는 '탄츠'라는 용어를 강조하여 자국문화의 위상을 알리고 있다. 이처럼 프랑스의 '당스(Danse)'와 독일의 '탄츠(Tanz)'는 자국문화에 대한 자부심과 이를 알리려는 의도라는 점을 엿볼 수 있다.

또한 우리는 춤에 있어 여러 용어가 혼용되고 있는 것을 발견하기도 한다. 특히 한국에서 '현대무용'이라는 용어가 영문으로 '모던 댄스(Modern Dance)'와 '컨템퍼러리 댄스(Contemporary Dance)'로 사용되고 있다. 여기에 대해 김채현(2008)은 모던 댄스와 컨템퍼러리 댄스는 명확한 구분에 의해 이루어진 명칭이 아니라 서로 대항하는 태도로써 차별성을 두기 위해서였지만, 서로 일정 부분 공유점이 있다고 한다. 그 이유는 컨템퍼러리 댄스는 1960년대 후반에 미국의 모던 댄스를 영국이 도입하여 모던 댄스의 테크닉을 중요한 부분으로 활용했지만 이후, 미국의 모던 댄스에 맞서 영국식의 모던 댄스를 지칭하기 위해 오늘날 사용하는 용어가 되었다고 한다.

당스와 탄츠처럼 한국의 춤 문화를 세계에 알릴 수 있는 대표적인 용어를 선택하자면 일본학자가 일본어의 틀로 만든 무용보다 예로부터 사용해온 '춤'이 더 적합하다고 본다. 따라서 한국문화로서 정통성이 있는 '춤'을 국제적으로 알리기 위해서는 용어 표기부터 전략적으로 고려해야 한다는 것이 나의 주장이다. 특히 '한국전통무용'은 국제적으로 Korean Traditional Dance로 표기되고 있다. 여기서 한국전통무용의 표기에 선뜻 받아들일 수 없는 부분이 바로 '무용'과 'Dance'다. 무용이라는 용어는 관용적으로 사용하고 있지만, 엄밀히 말해 일본어에서 파생한 용어이기 때문에, 한국전통에 '무용'이라는 용어를 사용하는 것은 어색하다. 따라서 '무용' 대신 '춤'을 강조하여 '한국전통춤'으로 바꾸어 표기해야 한다. 한국전통문화에 부합되는 '춤'을 국제적인 용어로 표기할 경우도 '댄스(Dance)'보다는 'Choom'을 강조하여 'Korean Traditional Choom'으로 표기하는 것이 더 바람직하다. 국내에서도 국가 예산을 들여 국제적인 춤 축제가 개최되는 경우가 많은데, 한국 전통문화로서 발전한 춤을 국제적으로 알리기 위한 목적이라면 축제의 국제표기도 당연히 'Choom'으로 표기해야 한다.

힙합 춤과 스트릿 댄스에 대해서

다양한 매체를 통해 스트릿 댄스, 힙합댄스, 힙합춤이라는 표현이 혼용되고 있다. 일반적으로 '힙합을 하고 있다'고 표현하면 왠지 모호한 느낌을 떨쳐버릴 수 없다. 힙합이 춤을 의미하는 것인지, 음악을 의미하는 것인지 모호할 때가 있다. '힙합'이라는 용어는 '힙합문화'의 약자로 힙합에 관련된 모든 문화를 아울러 일컫는 용어다. 대표적으로 엠씽(Mcing), 디제잉(DJing), 비보잉(B-boying), 그라피티(Graffiti)의 4대 요소로 나누어진다.

여기서 '비보잉(b-boying)'은 가장 대표적인 춤으로 세계적으로 많은 비보이들이 활동하고 있다. 특히 한국은 세계 메이저 대회를 휩쓸 만큼 국제적인 비보잉 강국으로 인정받고 있다. 사람들이 비보잉과 '비보이(b-boy)'를 혼동하여 사용하는 경우가 있는데, '비보잉'은 춤 자체를 의미하는 것이고 '비보이'는 'beat boy'와 'break-boy'의 의미로서 음악 간주 부분에 화려한 춤을 추는 사람을 지칭한 것이다. 따라서 비보잉은 춤을, 비보이는 춤추는 사람을 의미하는 것이다.

비보잉은 1970년대 디제이 쿨 허크(DJ Kool Herc)가 만든 용어로 스트릿 댄스와 힙합 댄스라는 용어가 생기기 전부터 사용되었다. '비보잉'은 '브레이크 댄스(break dance)'라고도 부른다. 그러나 브레이크 댄스는 언론에서 거리의 독특한 댄스를 지칭할 때 만든 용어로 1980년대 이후에 사용되었다. 초기에는 비보잉이 모든 춤을 일컫는 용어로 사용됐지만, 매체를 통해 알려지게 되면서 점차 브레이크 댄스를 지칭하는 용어로 불리기도 했다.

대체적으로 힙합을 한다고 해도 힙합문화 전체를 일컫는 것이기 때문에 잘못된 용어는 아니다. 그러나 힙합을 한다고 하면 여러 가지 요소들을 통틀어 의미하기 때문에 구체적으로 파악할 수 있도록 댄스라는 용어를 함께 사용해야 한다. 일반적으로 '스트릿 댄스(Street Dance)'와 '힙합댄스(Hip-Hop Dance)'가 혼용되고 있다. 이러한 혼용을 피하고 정확한 용어의 사용을 위해 스트릿 댄스와 힙합댄스 용어의 의미를 살펴보고자 한다.

관행적으로 스트릿 댄스와 힙합댄스, 힙합춤이라 부르지만 개인적으로는 힙합춤이라는 용어를 적극적으로 권장하고 있다. 특히 한국적인 춤으로 변형되어 발전했다는 의미를 담고 싶기 때문이다. 그런데 어떤 학자는 이것이 맞고 저것은 틀리네 하며 시시비비를 따지고 있는데, 어떤 것이 맞고 틀리다고 단정지을 수는 없다. 일단 이 땅에서 시작된 문화가 아니며 게다가 이론적으로 명확히 정립되어 있는 것도 아니기 때문이다.

특히 힙합문화는 일정한 학문적 토대 위에 체계적으로 연구된 것이 아니라 사회현상에 영향을 미치는 유행으로서 연구된 것이다. 또한 직접 힙합춤에 관련된 당사자들이 연구하더라도 지식기반이 부족하거나 대부분 이해관계에 치중해 연구되는 경향이 있어 신뢰하기 힘든 부분도 있다.

그래서 여기에서는 미국의 힙합역사를 열거하는 대신 그저 필요한 부분만을 참고하려 한다. 한국에 수용된 힙합문화를 한국인의 시각에서 관찰하고 싶은 것이다. 미국의 어느 오리지널 댄서가 이렇게 말했으니 그렇게 따라야 한다는 것은 새로운 사대주의라고 볼 수도 있다. 그들의 견해를 참고하되 우리의 것으로 새롭게 소화해야 하며, 이제 충분히 그렇게 할 만한 여건이 갖춰져 있기도 하다.

스트릿 댄스는 말 그대로 거리에서 탄생한 춤을 지칭하는 것이기도 하다. 그러나 거리에서 탄생한 춤만을 지칭하는 것이 아니라, 그와 관련된 모든 문화의 춤을 포괄하는 용어로써 사용하고 있다. 우리말로 표현하자면 '길거리 춤'이나 '거리의 춤'이며 철학적인 의미를 담고 있다. 나의 경우, 무엇보다 거리라는 이미지에서 연상되는 자유가 가장 큰 의미를 두고 있다. 또한 없는 것에서 무언가를 만들어 낸다는 의미도 있고, 이미 갖고 있는 것을 현실에서 최대한 활용한다는 것과 자신의 재능을 맘껏 펼칠 수 있다는 자신감의 의미도 담고 있다. 어느 정도 주관적인 판단이겠지만 대부분의 스트릿 댄서들이 공통적으로 공감하는 의미이기도 하다. 이러한 점들은 실존철학과도 유사한 면을 갖고 있다.

그리고 기존의 스튜디오나 학교 교육을 통해 배우던 발레와 현대무용과 달리, 각자의 구체적인 경험과 현실에서 부딪치고 느끼는 것들에 의해 즉흥적인 움직임이 형성됐다는 점에 철학적 의미를 부여하고 싶다. 무엇보다도 즉흥적인 요소가 강조된다는 특징이 있다. 고정관념, 관습, 제도, 틀에 얽매이지 않으며 자유로운 정신을 바탕으로 한 움직임에는 즉흥적으로 대처해 가는 자연스러운 흐름이 형성되어 있다.

우리나라에 스트릿 댄스라는 용어가 알려진 때는 1999년으로

'코리아컵 월드 힙합페스티발'에 심사와 공연을 위해 방문했던 일렉트릭 부갈루스(Electric Boogaloos)의 멤버들에 의해 전파되었다고 한다.

그렇다면 힙합댄스는 무엇인가? 결론부터 말하자면 스트릿댄스와 다르지 않은 의미이며, 두 가지 용어가 혼용되고 있다는 것이 오히려 다르지 않다는 것을 증명하고 있다는 것 아닐까. 힙합댄스는 일렉트릭 부갈루스가 방문하기 전에 주로 사용하던 용어였다.

스트릿 댄스와 힙합댄스가 다르다고 주장하는 사람 중에는 힙합댄스는 힙합음악에 비중을 두어 표현한 춤으로 힙합뮤직에 댄스를 접목한 용어로 잘못 사용되고 있는 것이라고 하는 경우도 있다. 힙합댄스가 그렇게 만들어진 용어라 해도 분명 여러 국가에서 두 가지 용어를 뚜렷한 구분없이 사용한다면 결국 그 두 가지가 같은 의미라는 것이다. 그렇다고 힙합댄스를 한국에서만 주로 사용하는 것은 아니다. 힙합의 종주국인 미국과 선진국인 유럽에서도 두 용어가 혼용되고 있다. 주목할 만한 점은 국내외 논문을 검색하는 사이트에 들어가 두 용어를 검색해 보면 거의 비슷한 수의 논문이 검색된다. 이는 국외 학자들도 혼용해서 사용하고 있기 때문에 전적으로 다르다고 볼 수는 없다는 것이다. 그래서 나는 두 용어를 다르지 않은 것으로 판단하지만 어떠한 의미를 부여하는지에 따라 약간의 차이는 있을 수 있다. 아직까지 명확하게 정의되지 않았기 때문이다.

다만 아쉬운 것이 있다면 한국적인 변형과 발전성과가 반영된 용어가 아직 없다는 점이다. 우리가 논문이나 여러 글에서 스트릿 댄스와 힙합댄스를 외쳐대도 그것이 한국의 것을 대상으로 하는 것인지 전혀 구별할 수는 없다. 그래서 나는 한국의 정서가 스며든, 한국문화로 변형된 것으로 그 가치를 전할 수 있는 용어를 만들어내고 싶은 것이다. 그래서 '춤'이라는 용어가 한국적인 것을 가장 잘 부각시키는 강력한 요소로 작용할 수 있기 때문에 적극적으로 사용해야 한다고 제안하는 것이다.

그러면 다시 스트릿 댄스와 힙합댄스라는 용어를 좀더 살펴보자. 스트릿 댄스의 범위는 비보잉, 락킹, 팝핀, 왁킹의 올드스쿨 장르에 포함되지만, 좀 더 넓게는 뉴 스타일 힙합, 하우스, 크럼프까지 포함할 수 있다. 그럼 최근에 유행하는 '얼반댄스(Urban dance)'는 어디에 속하는 것일까? 확실한 것은 미국의 얼반댄서들은 자신들의 춤이 스트릿 댄스가 아니라고 말한다. 그도 그럴 것이 얼반댄스는라는 용어는 한국에서 만든 것이고, 미국의 댄서들은 '안무(choreography)', '컨템퍼러리 힙합(contemporary hiphop)' 등으로 사용하고 있다. 하지만 그것 역시 확실히 정의된 용어라 할 수는 없으며 편의에 따라 다양하게 사용하고 있다.

얼반댄스는 쉽게 말해 미국 팝가수의 음악에 맞춰 안무한 춤으로 재즈와 현대무용 그리고 스트릿 댄스의 특징을 융합하여 현대적으로 만들어낸 춤이다. 얼반댄스가 재즈와 현대무용의 영향을 받았다 해서 재즈와 현대무용으로 분류할 수 없는 것처럼, 스트릿 댄스의 영향을 받았다고 스트릿 댄스로 규정할 수는 없다.

그리고 미국에는 없지만 한국에서 유행하고 있는 걸스힙합(girl's hiphop)과 방송댄스(K-pop dance)가 있다. 이 역시 음악 특성에 맞게 안무한 동작으로 스트릿 댄스라고 규정지을 수는 없다. 우리가 '싸이'의 '말춤'을 방송댄스라고는 하지만 스트릿 댄스라고 하지 않는 것과 같다.

그렇다면 얼반댄스, 걸스힙합, 방송댄스를 포괄적인 개념으로 사용할 수 있는 용어가 필요하다. 나는 이 모든 것을 문화적인 관점으로 바라보아야 한다고 생각한다. 그래서 포괄적으로 힙합문화를 아우를 수 있는 '힙합'이라는 용어의 사용을 제안한다. 힙합문화에 스트릿 댄스가 포함되기 때문에 힙합이라는 용어가 가장 포괄적인 개념이 될 수 있다.

만약 스트릿 댄스는 힙합문화가 아니라고 얘기한다면 비보잉이 스트릿 댄스가 아니라는 것이 된다. 힙합문화의 4대 요소 중의 하나가 비보잉이기 때문이다. 그리고 초창기 스트릿 댄스라고 부르는 모든 춤의 개념은 비보잉으로 불렸다. 그러나 비보잉이 독립적인 춤으로 작용하면서 다양한 용어가 등장하기 시작한 것이다.

그리고 국제적으로 다양한 춤의 장르가 혼합된 대회형식은 스트릿 댄스보다 힙합을 사용하고 있다. 실례로 한국의 락킹팀이 연합된 '락 앤롤 크루(Lock N Lol Crew)'가 아시아 최초로 우승한 미국의 '힙합 인터내셔날(Hip Hop International)' 대회에서 찾을 수 있다. 2015년 미국의 댄스 올림픽이라 할 수 있는 이 대회는 2002년에 12개국으로 시작하여 2015년에는 50개국에서 3000명이 출전한 세계적인 대회이다.

그런데 여기서 굳이 스트릿 댄스라는 용어를 사용하지 않고 힙합이라는 용어를 사용한 이유는 다양한 춤을 포괄적으로 언급하기 위한 문화적인 관점에서 사용한 것으로 판단된다. 만약 스트릿 댄스라는 용어를 사용하였다면 댄스장르가 한정적이라는 개념이 형성되었을 것이다. 힙합댄스로 사용하지 않은 점도 댄스장르가 한정적인 느낌이 있어 댄스라는 개념을 빼고 문화적인 관점과 포괄적인 개념으로써 '힙합'이라는 용어로 사용한 것으로 보인다.

그렇다면 모든 춤을 포괄할 수 있는 개념으로 '힙합'이라는 용어가 가장 적합하지 않을까. 여기에 한국적인 것으로 부각시킬 수 있는 '춤'을 덧붙여 '힙합춤'으로 부르는 것은 어떨까. '힙합춤'을 국제적으로 표기하면 'Hip-Hop Dance'로 할 수도 있지만 힙합댄스의 의미와 별반 다르지 않다. 힙합댄스는 말 그대로 미국의 것이고, 미국에서 파생된 댄스를 지칭하는 것이다. 그렇기 때문에 한국적인 것으로 변형하여 발전하였다는 점을 강조하기 위해 우리말인 춤을 국제적인 표기에도 'Choom'으로 사용하여 'Hip-Hop Choom'으로 하자고 제안하는 것이다.

물론 한국의 힙합춤은 그렇게 불린 만한 이유가 충분히 있다. 현재 우리나라에서는 힙합춤 교육을 중고등 학교에서 전문적으로 실시하고 있으며 대학원에서도 전문교육이 이루어지고 있다. 이러한 교육적인 발전은 세계에서 유례를 찾아보기 힘든 일이다. 이러한 교육적인 성과와 더불어 힙합춤과 관련된 많은 논문들이 발표되고 있다. 또한 한국 힙합춤의 위상은 세계적으로 인정받고 있다. 모든 메이저 대회를 휩쓸고 한국인의 이름을 딴 동작도 있다. 또한 힙합춤을 위주로 장시간을 공연할 수 있는 무대작품을 만들어 세계무대에 공연예술로의 가능성을 선보인 점도 주목할 만하다. 무엇보다는 외국의 댄스를 그대로 배운 것이 아니라 우리 것으로 소화하여 변형되었다는 것이 중요하며, 이제 우리 것으로 소화된 된 춤으로 널리 알리는 것도 필요한 시점이다.

자국문화로 발전한 춤

얼마 전 초청을 받아 프랑스에 갔을 때 파리 무용계의 사람들과 이런저런 대화를 나누던 중 뜻밖의 얘기를 듣게 되었다. 통역을 해주시던 분이 최선을 다해 통역했다고 하니 잘못 들은 이야기는 아니었다.

프랑스 무용계와 세계 무용계의 관계에 대한 이야기를 하던 도중 발레 이야기가 나왔는데 그들은 발레가 프랑스에서 탄생한 춤이라고 주장하는 것이었다. 전혀 예상치 못한 말이었지만 그들은 그렇게 말했다. 예전에 읽었던 무용 전문서적에서 발레는 이탈리아에서 시작되었지만 구체적으로 정리하고 발전시킨 나라는 프랑스라는 주장을 본 기억도 있다.

발레(ballet)라는 용어는 발레띠(balletti)에서 유래하였다. '춤추다'라는 뜻을 지닌 발라르(ballare)와 무도장에서 추는 춤을 뜻하는 발로(ballroom)의 애칭인 발레띠에서 발레라는 용어가 만들어졌다고 한다. 16세기 중반 프랑스에서 발리와 발레띠, 그리고 연희에서 추던 춤의 용어를 혼동하여 통칭하다가 발레라고 불리게 되었다고 한다. 16세기까지는 이탈리아의 궁정에서 추던 춤의 형식을 의미했고, 이러한 춤이 프랑스의 궁정으로 옮겨가 발전하게 되었다. 최초의 발레 작품은 1581년 이탈리아 발레교사였던 발타자르 드 보주아예(Balthasar de Beaujoyeux)가 프랑스 앙리 2세의 왕후 카트린 드 메디치(Catherine de Médicis, 1519~1589)의 후원으로 제작한 〈왕비의 희극 발레〉로 알려져 있다.

발레가 이탈리아에서 프랑스로 건너간 시기는 대략 16세기로 왕실에서 주로 즐기게 되었는데, 여기에서 루이 14세(Louis XIV, 1638~1715)의 이야기는 빼놓을 수 없다. 루이 14세는 어느 역대 왕보다 발레를 사랑했으며 발레로 자신의 정치적 권력을 드러냈으며, 발레의 여러 테크닉 동작과 공연 형식을 발전시킨 인물이다. 특히 무용을 전공하는 한국인들이 어려워하는 '턴 아웃'은 그 당시 발레 선생이었던 피에르 보샹이 만들었다고 한다.

발레 용어는 대부분 프랑스어인데 왜 이탈리아에서 탄생했는데 프랑스어로 되어 있을까? 비록 이탈리아에서 시작되었다 해도 그것을 체계적으로 정리하고 발전시킨 것은 프랑스였기 때문이다. 다양한 춤 동작들을 발전시키고 자신의 모국어로 의미를 부여했기 때문에 제대로 모양을 갖춘 발레가 프랑스에서 탄생한 것이라는 주장도 어느 정도 의미는 있다.

발레가 급속하게 발전하고 널리 성행하던 낭만발레의 시대인 19세기까지는 프랑스가 주도했다. 그런데 전쟁과 낭만주의의 쇠퇴로 프랑스는 러시아로 발레의 주도권을 넘겨주게 된다.

프랑스 출신의 마리우스 프티파(Marius Petipa, 1819~1910)가 활동 본거지를 러시아로 옮기게 되면서 고전발레의 시작을 알리게 된다.

흔히 '클래식 발레'로 불리는 고전발레는 현재 국내외의 발레단이 공연하고 있는 작품들을 가리킨다. 대표적인 작품으로는 가장 유명한 〈백조의 호수(1877년)〉와 〈잠자는 숲속의 미녀(1890년)〉가 있으며, 전문 무용수들이 농담 삼아 크리스마스 때마다 호두를 깐다고 우스갯소리를 하는 〈호두까기 인형(1892년)〉이 있다.

러시아는 유럽에서 발레가 쇠퇴하던 시기인 19세기 말에 받아들여 고전발레라는 스타일로 새롭게 꽃을 피웠다. 그 꽃은 현재에도 전혀 시들지 않고 전 세계에 지속적으로 알려지고 있다. 그런데 러시아가 발레를 수용할 때 프랑스의 발레를 의식적으로 러시아식으로 변형시켰다는 것이 중요하다. 러시아는 이탈리아와 프랑스와는 다른 형식의 발레를 독자적으로 재구성하고 발레의 기본동작 역시 러시아식으로 변형시켰다. 그래서 오늘날 우리는 발레를 언급할 때 이탈리아나 프랑스보다는 러시아를 먼저 떠올리게 된 것이다. 이제 발레를 배우기 위해서는 대부분 러시아로 유학을 가며 그곳에서 기본기와 고전발레의 레파토리를 습득해야 정통 발레를 배운 것으로 인정된다.

고전발레 이후 러시아에 대단한 창조력을 지닌 슈퍼급 발레단인 '발레뤼스(Ballets Russes)'가 등장했다. 무용의 신이라고 불리는 니진스키도 바로 이 발레단에서 활약했던 발레리노였다. 1909년부터 1929년까지 디아길레프가 이끈 발레단인데 특이하게도 그는 발레를 전공한 사람이 아니었다. 그는 다양한 예술 방면에 해박한 지식을 갖췄으며 독특한 아방가르드적인 발레를 선호했다. 무엇보다 발레작품에 의도적으로 러시아 민족의 특성을 포함시켜 러시아 발레로 흡수하려는 경향을 보였다. 또한 발레 안무자들에게 '나를 놀라게'할 것을 요구했다고 한다.

나는 발레뤼스 최고의 안무가이며 역대 최고의 독특한 안무가로 미쉘 포킨을 꼽는다. 특히 1911년 작품인 〈페트르슈카〉는 현대의 관점으로 봐도 동작의 센스나 재치는 매우 뛰어나다. 학자들은 그의 예술관에 대해 '전통 속의 개혁자'라는 말로 표현한다. 나 역시 그를 보수주의 내의 개혁자로서 자신만의 예술세계를 확고하게 갖춘 멋진 보수예술가로 생각한다.

고전발레와 아방가르드 발레를 자국문화로 흡수하여 발전시킨 러시아는 현재에도 세계 공연예술계에 압도적인 영향력을 미치고 있다. 그 영향력은 종주국이라 할 수 있는 이탈리아와 프랑스의 영향력을 넘어선다. 나는 자국문화로 흡수하려는 예술에 대한 의식을 주목한다.

나는 타국의 예술을 수용하여 자국의 예술로 흡수하고 역수출하는 이러한 능력을 높이 평가한다. 이탈리아나 프랑스 발레를 맹신하거나 추종하기보다 자국의 특성을 살려 공연 예술계는 물론 사회적으로 그 가치를 새롭게 부각시켰기 때문이다. 이탈리아에서 시작된 발레는 프랑스가 테크닉을 체계화시키고 모든 동작을 자신들의 언어로 규정지었으며 러시아는 프랑스 발레를 러시아식 발레 작품으로 소화하고 발레교수법을 체계화시켰다. 이렇듯 타민족의 춤을 그대로 답습하지 않고 자국의 개성을 살린 스타일로 재탄생시키는 것이 중요하다. 그저 기존의 발레를 잘 따라하기만 했다면 발레역사 속에서 그렇게 큰 발자국을 남기지는 못했을 것이다.

발레를 자국의 스타일로 변모시킨 사례는 유럽의 현대무용에서도 찾아볼 수 있다. 일반적으로 현대 무용의 종주국을 미국으로 인정하려는 경향이 있다. 특히 선구자라 할 수 있는 이사도라 덩컨과 마사 그래함이 미국인으로서 강력한 영향력을 지니고 있기는 하지만 미국이 종주국이라고 단정지을 수는 없다. 덩컨이 활동했던 곳은 유럽이었으며 그 시기에 유럽에서도 현대무용이 눈부신 발전을 이루었기 때문이다. 특히 영국은 독일 출신인 라반이 이주해 활동하면서 현대무용이 발전한 나라이기도 하다. 하지만 현대적으로 발전한 시기는 미국의 현대무용을 받아들인 후부터라고 할 수 있다. 우리는 현대무용(Modern Dance)과 컨템퍼러리 댄스(Contemporary Dance)라는 용어를 자주 접하게 되는데 이 두 용어는 같지만 왠지 다르게 느껴지기도 한다. 사실 컨템퍼러리 댄스는 1960년대 영국이 미국의 모던댄스의 테크닉을 도입하고 나서 미국의 모던댄스와 맞서고 영국식 모던댄스를 지향하기 위해서 내놓은 용어이다. 그런데 모던댄스와 컨템퍼러리 댄스의 테크닉에는 공통점이 있지만 확실한 의미로는 컨템퍼러리 댄스는 모던댄스와의 테크닉과 예술성에 대한 차별성을 확립하고 대항하는 자세로 만든 것이라 할 수 있다.

또한 독일의 현대무용가이며 안무가인 피나 바우쉬는 미국에서 마사 그레이엄 스타일을 배워 독일식으로 변화시킨 인물이다. 그녀는 미국의 현대무용을 수용하여 독일식의 탄츠테아터를 만들었는데 이는 '춤극' 또는 '무용극'이다. 특히 영어로 '댄스'에 해당하는 탄츠라는 용어를 사용하는 이유는 독일의 민족성과 자부심을 드러내고 미국에 속한 모던댄스에서 탈피하려는 의도라 할 수 있다.

이렇듯 영국과 독일은 미국에서 춤을 받아들이더라도 자기 나라의 고유한 특성을 드러내며 타민족의 예술과 차별성을 두고 자신의 것으로 소화하려는 모습을 발견할 수 있다. 우리도 이러

한 자세를 진지하게 받아들여야 하며 자국문화로 소화하는 능력
을 배워야 한다.

힙합춤의 수용 및 변형과정

일반적으로 발레를 언급할 때 러시아를 떠올리듯 이제는 비보잉하면 한국을 떠올리게 될 것이다. 나는 한국 힙합춤을 발레를 받아들일 때의 러시아처럼 한국적인 것으로 변화시켜야 한다고 생각한다.

다행히 나와 생각이 비슷한 학자의 학술논문을 찾아볼 수 있었다.

김수환(2009)은 논문을 통해 러시아의 발레뤼스 문화와 한국 비보잉 문화를 고찰하면서 한국 비보이들은 타국의 문화를 수용하여 문화적 변형과정을 거치면서 한국적인 문화로 발전시켜 역수출(역수신)한 것이라고 주장한다. 그는 한국 비보잉에 대해 좀 더 현실적이고 문화적인 방식으로 진지한 접근을 모색하고 있다. 이러한 내용을 좀더 발전적으로 적용할 필요가 있다. 러시아가 발레를 통해 문화적 역량을 넓혔다는 것은 부인할 수 없는 사실이다. 한국의 비보잉도 수용된 춤을 적극적으로 한국적인 것으로 변화시켜 문화적인 역량을 국제적으로 확산시켜야 한다.

그는 러시아의 기호학자인 로트만의 이론을 빌려 문화의 변형 과정을 설명하고 있다. 로트만의 기호학을 설명하는 것은 목적이 아니므로 아주 간략하게 설명하자면, 로트만의 문화변형 매커니즘은 크게 5단계로 설명할 수 있다.

첫째 단계는 문화수용이 비대칭적으로 이루어진다. 수용한 쪽이 발신자 쪽의 원조문화를 무조건 모방하려는 모습을 보인다. 둘째 단계는 원조문화는 유지하되 유사품을 만들게 된다. 셋째 단계는 점차 원조문화가 변형되기 시작하면서 자신의 것으로 되어 간다. 넷째 단계는 원조문화의 문화로부터 점차 분리되고 재구성하기 시작하여 원조문화가 가지고 있는 기존의 양식은 점차 사라지고 완전히 자신의 것으로 변형한다. 이러한 과정에서 원조문화는 수용자문화로 변형되고, 변형된 문화는 다시 전통문화 속으로 흡수되어 수용자에서 발신자로 역할이 변한다. 그리고 마지막 단계에서는 자신의 문화로 흡수된 전혀 새로운 것을 창조하여 발신자의 입장에서 문화적인 영향력의 범위를 비약적으로 확장한다.

이처럼 로트만의 문화변형 과정으로 한국의 비보잉과 러시아의 발레뤼스를 해석하여 자국문화로 변형된 추이를 관찰할 수 있다. 그렇다면 한국 비보잉이 어떻게 자국문화로 변형되었는지 자세히 살펴보자.

미국 힙합댄스가 한국에 알려지게 된 계기는 미디어의 영향이 크다. 1983년에 개봉된 플래시댄스와 브레이킨 1, 2는 한국 비보잉 마니아를 형성하는 데 크게 공헌했다. 그중에서도 청소년을 가장 자극했던 영상은 1985년 레이건 대통령 취임식 때 있었던 뉴욕시티 브레이커즈의 비보잉 공연으로 전 세계로 생중계되어 각국의 청소년들을 거리, 공원, 지하철 등으로 불러냈던 일이다.

1980년대 컬러 TV의 보급과 함께 해외 영상물들이 대중매체를 통해 대량으로 유입되었다. 미국의 팝문화와 함께 등장한 다양한 형태의 춤이 젊은 세대들 사이에서 유행하게 되었다. 특히 마이클 잭슨의 인기는 최고였다. 80년대 등장한 최고의 팝스타 마이클 잭슨이 빌보드 차트를 석권하면서 그의 전매특허인 뒤로 걸어가는 스텝인 '문워크' 춤은 젊은 세대를 사로잡았다.

당시는 정보가 빠르게 확산될 수 있는 인터넷 문화가 발달하지 않은 상태였다. 소수의 마니아들이 모여 녹화된 영상을 수도 없이 돌려보며 동작을 연구하고 연습하는 것밖에 달리 방법이 없었다. 그 당시 아무리 춤을 좋아한다 하더라도 미국의 오리지널 비보이팀을 초청할 수 있는 여건도 되지 않았을 뿐더러 비보이팀과 연락할 방법조차 없었다. 초창기 한국 힙합댄스 마니아들은 그저 비디오 영상을 수없이 돌려보며 상상만으로 동작을 구상하고 몸으로 부닥치며 연습할 수밖에 없었다. 이러한 취약한 조건 속에서도 힙합댄스는 서서히 한국에 수용되기 시작했다. 물론 자본이 부족한 한국 댄서들의 환경에서 미국 오리지널 스타일을 직접 수용하기보다 간접 수용 속에 모방을 거치면서 변형이 시작되었다.

이처럼 간접적으로 미국의 힙합댄스가 한국에 수용된 과정은 나의 첫 번째 책 〈힙합, 새로운 예술의 탄생〉에서 모방-도용과 변형-창조로 크게 3단계로 나누어 분석한 바 있다.

3단계로 넘어가기 전에 한국에 처음 수용된 1980년대 중반의 힙합댄스에 대해 알아볼 필요가 있다. 한국에 처음 수용되던 시기에는 댄스 비디오 영상이 그리 많지 않았다. 비트스트리트, 브레이킨 1, 2, 레이건 대통령 취임식 영상 정도가 전부였다 해도 과언은 아니었다. 게다가 그 당시는 현재보다 비보잉 무브가 다양화되지 않았던 상태였다.

80년대에는 비보잉을 따로 배울 만한 곳이 없었으므로 동료들과 함께 영상을 보며 연습하는 것이 최선이었다. 그 당시를 모방의 단계라고 볼 수 있지만, 미국과 한국은 동일한 파워 무브를 연습하는 단계였기에 모방보다는 정해진 무브를 잘하려는 단계였다고 볼 수 있다. 예를 들면 파워 무브의 '윈드밀(등을 지면에 대고 두 다리를 Y로 벌려 회전하는 동작)'을 누가 더 빠르고 멋있게 회전하느냐가 춤의 관건이었으며 창조성이 가미된 춤은 극히 드물었다. 동일한 무브를 누가 더 잘하느냐가 중요했던 것이다. 그 당시의 이러한 비보잉 무브를 직접 관찰하고 싶으면 위에 열거된 영화들을 보면 충분히 파악할 수 있다.

80년대 활동하던 선배 비보이들의 얘기로는 파워 무브는 스피드나 멋에서 미국과 그리 차이는 나지 않았다고 한다. 하지만 기본적인 업락과 탑락 등의 서서 추는 방식에서 부족한 면이 있었다고 한다. 그러나 초창기 한국 댄서들은 파워 무브를 최고로 인정했기 때문에 다른 부분이 부족해도 파워 무브만 잘한다면 인정을 받았다.

얼마 지나지 않아 한국에서는 파워 무브의 또 다른 변화를 맞이하게 된다. 기존에 보아오던 파워 무브만 연습하던 댄서들에게 충격적으로 다가온 사건이 일어났던 것이다. 영상에서만 보았던 미국 비보이들과 직접 배틀을 하게 된 것이었다. 다른 부분에서는 그리 큰 차이를 보이지 않았지만, '헤드스핀'에서 큰 충격을 받았다고 한다. 당시 국내에서는 2~4바퀴를 회전하는 것이 최고의 기술이었지만, 미국 비보이들은 20~30바퀴를 회전하니 한국 비보이들은 충격을 받지 않을 수가 없었던 것이다.

'헤드스핀'은 1997년 가수 솔리드의 콘서트에서 처음으로 한국에 소개되었다. 미국의 에어포스 크루(Air Force Crew)의 비보이 시저(Ceser)가 솔리드의 콘서트에 초청받아 화려한 비보잉 기술을 선보였다. 한국 비보이들은 충격으로 받아들였고, 이는 곧바로 배틀의 욕구로 이어졌다.

에어포스 크루는 한국 댄서들이 모이는 이태원의 '문나이트 클럽'에서 80년대에 활동하던 1세대 한국 비보이들과 배틀을 벌였다. 배틀에서 거의 모든 점이 비슷했지만 헤드스핀 하나 때문에 굴욕을 당했다고 한다. 그래서 그때부터 헤드스핀이 한국 비보이들에게 유행처럼 번졌던 것이다.

한국 힙합댄스의 붐은 1980년대 초부터 80년대 말까지 전문팀이 구성되고 활발하게 활동했지만, 군 입대와 결혼 그리고 경제사정 등으로 90년대 중반까지 침체기를 맞이한다. 초창기에 활동하던 비보이들은 극히 소수만이 남았으며, 이들에게 비보잉을 배운 새로운 세대가 생겨나기 시작한다. 나는 이를 힙합의 르네상스 1세대라고 일컬은 바 있다.

르네상스는 재생과 부활이라는 의미로, 고대 그리스 로마시대의 문화를 이상으로 삼아 중세시대 동안 침체했던 문화를 새롭게 부흥시키자는 운동이다. 이에 힙합의 르네상스란 침체기였던 1980년대 말부터 1995년 이후에 힙합이 다시 부흥하기 시작했던 시기를 말한다. 이때부터 힙합댄스의 수용은 모방-도용과 변형-창조의 3단계로 나뉘게 된다. 힙합댄스의 르네상스 이후 한국은 5~6년 사이에 급격한 발전을 보이게 된다.

1. 모방적 수용단계 (1995년~1999년)

"비보잉은 문화번역의 과정에서 상대적으로 매우 오랜 기간을
일방적 수용의 단계에 머물러 있었다고 말할 수 있을 것이다.
타문화의 자기화에 앞선 외래문화 텍스트의 일방적 수신 과정
이 매우 길었다는 것, 이는 다르게 말해 수입된 문화를 모방하
려는 의지가 매우 강하게 작동했음을 뜻한다(김수환, 2009)."

모방의 단계는 인터넷도 발전하지 않았던 시기이기 때문에 미국
힙합댄스에 대한 정보가 턱없이 부족한 상태였다. 미국의 오리
지널 댄서들과 직접교류를 할 수 없었기 때문에 비디오 영상을
통해 간접적으로 힙합댄스를 수용할 수밖에 없었다. 이러한 상
황은 비디오 영상에 대한 가치를 높였으며, 희소성이 있는 댄스
비디오 영상을 가지고만 있어도 바로 댄스계의 스타로 인정받을
정도였다.
　'자료'라고 불리던 외국 비디오를 보고 연습하던 시기였기 때
문에, 그 춤을 누가 먼저 보고 모방을 잘하느냐가 실력의 척도
가 되었다. 다시 말해 미국 댄서들이 하는 동작을 먼저 모방하

는 것으로 실력을 인정받았던 것이다. 그러니 외국 비디오 자료를 남보다 먼저 구하려는 경쟁이 치열할 수밖에 없었다. 그렇게 귀했던 터라 아무리 친한 비보이라도 영상을 서로에게 감추고 보여주지 않았다. 감춘 비디오에서 본 동작을 몰래 연습하다가 동료 비보이에게 들켜 웃음을 사거나 다투기까지 하는 해프닝도 있었다.

모방단계의 수용과정은 초창기인 80년대의 비디오 영상과는 다른 의미를 갖고 있다. 초창기 영상은 브레이크 댄스 영화나 레이건 대통령 취임식 등에 머물렀다. 그러나 90년대 중반 이후 미국의 힙합댄스가 주체가 된 대회 및 행사를 촬영한 전문 영상이 유학파들에 의해 국내에 퍼지게 된다. 이러한 점은 미국의 전문적인 힙합문화를 영상을 통해 보고, 다양한 힙합댄스를 경험하게 됨으로써 초창기 비보이들보다 좀 더 폭넓은 수용 방식을 형성하게 된다.

모방의 수용단계에서 한국이 급속도로 발전할 수 있었던 것은 바로 파워 무브였다. 파워 무브는 정해진 동작을 누가 더 완벽하게 완성할 수 있느냐로 춤 실력을 판단했기 때문에 응용과 창조성이 부족해도 반복연습을 통해 무브를 완성할 수 있었다. 작고 빠른 한국인 체형이 파워 무브를 습득하기에 알맞았기 때문인지 초창기 비보이들은 파워 무브를 집중적으로 연습했다. 따라서 이 당시에는 파워 무브를 잘하면 춤 잘 추는 댄서로 인정받았기 때문에 파워 무브가 더욱더 발전했다. 그 영향으로 인해 현재 국제적으로 한국의 파워 무브가 최고로 인정받고 있는 것으로 보인다.

> "파워 무브는 한국의 젊은 춤꾼들이 소화해 내기에는 불가능한 충격적 장면이었으리라. 하지만 몸이 유연한 흑인들에 의해 만들어진 이러한 기술은 이제 세계의 어느 나라보다도 한국의 비보이들이 가장 화려하고 역동적으로 구현하는 전매특허가 되었다(김기국, 2012)."

파워 무브에 비해 자신의 아이디어와 개성을 중시하는 스타일 무브는 파워 무브만 중시하던 한국 댄서들에게 색다른 도전으로 다가왔다. 스타일 무브의 급작스러운 수용은 동작의 형태를 그대로 모방하는 것보다 응용력을 보태면서 점차 모방의 수준에서 벗어나는 과정을 거치게 된다.

2. 도용과 변형의 수용단계(1999년~2001년)

> "수용자 측 문화는 외부에서 도입된 낯선 텍스트를 만들어낸 규칙들을 습득하게 되고, 그에 따라 원본 텍스트와 유사한 새

로운 텍스트들을 만들어내기 시작한다. 이는 그야말로 유사품
을 제조하는 단계로, 이 단계에서 원본 텍스트의 정본성은 그
대로 유지된다. 결정적 국면이 도래하는 것은 그다음 세 번째
단계인데, 즉 수용자 측 문화의 기호학적 본성에 따라 낯선 타
자의 전통이 근본적으로 변형되는 것이다. 이 단계에서 종종
낯선 것은 완전히 외양을 바꾸면서 자기 것이 된다(김수환,
2009)."

도용과 변형의 수용단계를 확실하게 시기를 구별짓기보다 서로
혼합돼서 발전했다고 볼 수 있다. 1999년 이후 해외 댄서들과의
교류가 점차 활발하게 이루어지기 시작한다. 국제적인 교류로 단
순한 모방은 이제 댄서로서 활동하는데 수치심을 유발하는 일처
럼 여겨지기 시작했다. 1999년 〈코리아컵 월드 힙합페스티발〉이
라는 대회가 한국에서 열리면서 미국, 캐나다, 일본의 유명한 힙
합댄스 팀이 국내에 최초로 참가하게 된 것이 계기가 되었다. 이
대회를 통해 한국 댄서들은 해외 댄서들과의 경쟁을 통해 국제
교류를 경험하면서 모방의 단계에서 벗어나기 시작했다.

　1999년 〈코리아컵 월드 힙합페스티발〉에는 당시 이름을 날리
던 '피플크루', '고릴라', '익스프레션', 'NY크루'의 연합팀이 참가
했다. 미스터 위글스(Mr, Wiggles), 미스터 프리즈 (Mr, Freeze), 팝핀
피트(Poppin Pete), 테레사(Teresa)가 심사위원을 맡았으며 미국 캐

나다, 프랑스, 일본의 댄서들이 연합팀으로 참가하는 등 국내 최초로 수많은 해외 댄서들이 방한했다. 이후 팝핀과 락킹 등 여러 장르의 댄서들이 미국과 일본의 유명 댄서들을 초청하거나 직접 해외로 나가 춤을 배우며 국내 힙합댄스의 수준을 한 단계 끌어 올리게 되었다.

'미스터 위글스'는 그 당시 세계적인 비보잉 그룹인 '락 스테디 크루'의 멤버로 활동했다. 현재는 팝핀이 파생된 '일렉트릭 부갈루스'의 멤버다. '팝핀 피트'는 일렉트릭 부갈루스의 창단멤버이기도 하다. '미스터 프리즈'도 락 스테디 크루의 멤버이며 '테레사'는 마돈나와 쟈넷 잭슨의 안무가였다. 이렇게 세계적인 댄서들이 내한하여 심사를 맡고 그들의 춤을 직접 무대에서 보여주게 되니 한국의 댄서들에게는 충격 그 자체였다. 이를 계기로 국제적인 교류가 서서히 열리게 되고 미국의 춤을 모방하던 스타일만으로는 더 이상 댄서로서 활동하기 어렵게 되었다.

1999년에서 2001년 사이에 열린 주요행사들을 통해 닫혀 있던 정보가 개방되고 국제적인 교류가 시작되는 기점이 마련되었다. 교류를 통해 얻은 지식을 체계화하고 춤에 적용하여 연습하는 댄서들이 늘어나기 시작했고, 대회의 형식을 통해 한국 힙합 댄서들의 성장을 검증하는 시스템이 도입되기 시작했다.

월드 힙합페스티발 이후 국내 댄스 시장의 잠재력을 인식하기 시작한 기업들의 협찬과 댄서들의 노력으로 〈아디다스 컵 대회(1999년)〉, 〈댄스필드(2000)〉, 〈스트릿 잼(2000년)〉, 〈비보이 유닛(2001년)〉, 〈리바이스 배틀 마스터(2003년)〉, 〈비보이 챌린지(2003)〉 등 장르를 초월하여 다양한 힙합댄스 대회가 연이어 열리기 시작했고, 각종 기업 행사와 지역 축제 등에 초청받아 활동하는 일이 늘어나게 되었다.

그동안 해외 댄서들과 교류가 전혀 없었던 시기에는 한국 댄서들과의 관계 내에서 실력이 판가름났기 때문에 모방이 그리 부끄럽게 작용하지 않았다. 그러나 99년 월드 힙합페스티발 이후 국내에 힙합댄스의 전문적인 대회가 개최되고 점진적으로 국제적인 교류가 활발해지면서 더 이상 모방을 할 수 없는 상황이 되었다. 국내의 유명한 힙합댄스 대회의 심사위원들은 주로 해외에서 초빙되었고 모방한 춤은 인정하지 않았다. 그러나 한국의 댄서들은 급작스럽게 모방의 무브에서 완전히 벗어난 것이 아니라 자신의 무브 스타일을 발견하면서 해외 댄서의 무브를 자신의 신체에 맞게 도용하여 변형시키는 시기에 이른다. 이 시기에는 국제적 교류가 충분하게 이루어진 것은 아니었기 때문에 완벽한 한국의 힙합춤 스타일은 형성되지 않았으며 도용과 변형의 시기를 거치게 된다.

3. 창조적 단계(2001년~현재)

"문화번역은 특정한 텍스트가 하나의 맥락에서 다른 맥락으로 전이될 때 발생하는 것으로 이때 반드시 동일한 것의 차이 즉 새로운 텍스트가 만들어진다. 이 점은 문화적 담론이 지배문화(서구)에서 피지배문화(제3세계)로 향하는 일방통행로가 아니라는 것, 서구의 담론을 모방하며 반복하는 번역 행위 자체가 이미 일종의 창조행위가 될 수 있다는 점이다. 그것은 원산지의 문화가 지니는 본래의 특성이 지역적 정착의 과정에서 매우 역동적으로 변형된 경우로서, 이를테면 세계화된 중심문화를 향한 모방의 의지가 지역적 맥락화(가공)의 단계를 거쳐 다시 중심을 겨냥하며 재전파되는 상황에 해당한다(김수환, 2009)."

세계 메이저 비보이대회에서 예상치 못했던 커다란 이변이 발생하게 된다. 그동안 거의 알려지지 않았던 한국의 연합 비보이팀이 세계 비보이 월드컵이라 불리는 독일 〈배틀 오브 더 이어(Battle of the Year 이하, 보티)〉에 처음으로 출전하여 퍼포먼스 부문 1위를 차지했던 것이다. 한국팀의 1위 수상을 전혀 예상하지 못했던 세계의 비보이들이 깜짝 놀랐던 것은 당연한 일이었다. 이 당시에도 한국 힙합댄스는 창조적으로 발전한 단계가 아닌 도용과 변형을 과정을 거치는 중이었다. 다행히 퍼포먼스는 한국적인 이미지를 최대한 살려 심사위원들의 집중을 받을 수 있었지만 아쉽게도 아직 창조적인 단계에는 이르지 못해 본선에 오른 4팀 중 배틀 부문 4위를 하게 된다.

2001년 보티 이후 세계의 비보이들은 한국 비보이에 대해 관심을 갖기 시작했으며, 그로 인해 한국의 비보이들은 더 이상 해외 비보이들의 무브를 도용할 수 없는 상황에 이르렀다. 한국 비보이들의 본격적인 세계화가 진행된 것이다. 세계화에 발맞춰 무브는 급속도로 창조적인 방식으로 변화하기 시작했다. 빠른 발전으로 자기만의 비보잉 스타일을 만들었으며, 해외 비보이들은 그런 창조적인 무브에 한국 비보이들의 이름을 넣어 부르기 시작했다. 대표적인 예로 드리프터즈 크루의 '홍텐 프리즈'와 리버스 크루의 '피직스 엘보우'를 꼽을 수 있다. 이처럼 활발한 국제 교류를 통해 한국인의 신체에 맞는 창조적인 비보잉으로 발전하고 한국문화의 특성을 살린 퍼포먼스가 창작되면서 세계에서 그 유래를 찾을 수 없을 만큼 빠르게 성장했다. 그 후로 한국은 세계 비보잉의 교과서라 불릴 만큼 급성장하게 되었다. 이 시기 이후 비보잉뿐만 아니라 힙합댄스의 전 장르에 걸쳐 세계 힙합댄스 메이저대회의 우승을 잇달아 차지하면서 한국은 그야말로 세계 힙합춤의 강대국으로 우뚝 서게 된다.

4. 한국적인 힙합춤으로 수용

지금까지 한국의 힙합춤이 수용의 3단계를 거치면서 한국적인 힙합춤 스타일로 발전한 과정을 살펴보았다. 1995년 힙합춤의 르네상스 이후, 미국 오리지널 댄서들에게 춤을 직접 배웠다면 한국적인 힙합춤으로 변형되기는 힘들었을 것이다. 처음 접할 때 서양인 체격에 맞게 만들어진 힙합댄스의 기본기를 배웠다면 한국인 체형은 이를 견디지 못했을 것이며, 견디고 받아들였다 하더라도 어색하고 불편한 동작으로 형성되었을 가능성도 있다. 이렇듯 직접적인 수용이 잘 이루어졌다 해도 따라 하거나 그나마 잘할 수 있는 수준에 머물렀을 수도 있었을 것이다. 다행히 초창기에 비디오 영상 동작을 보고 모방하던 춤은 점차 자연스럽게 자신의 신체에 맞게 변형 과정을 거쳤다. 영상에서 본 동작을 반복적으로 연습하다 보면 자신의 신체에 맞는 동작을 자연스럽게 발견할 수 있지만, 처음부터 너무 기본기에 얽매여 배우다 보면 상상력을 잃고 흡수될 수 있다.

이처럼 춤에 대한 호기심과 궁금증 그리고 자유로운 이미지 연상을 통해 자신만의 움직임을 완성하려는 연습 과정을 거치면서 한국적인 힙합춤이 만들어진 것이다. 실제로 1999년에 한국을 방문했던 미국 오리지널 댄서들은 한국의 힙합춤에 대해 기본기도 되어 있지 않다고 얘기했지만, 국제대회에서 만나게 된 기본기도 되어 있지 않은 한국 춤꾼들에게 신선한 충격을 받기도 했다.

이와 같은 모방과 도용의 과정은 한국적인 힙합춤을 만들어가기 위한 과도기로 보아야 할 것이다. 춤꾼들은 모방하면서 감각적으로 자신의 신체에 맞는 춤을 찾게 되고 자신에게 어울리는 동작과 춤에 대해 서서히 눈을 뜨게 된다. 감각을 통해 영상 속의 동작이 멋지더라도 자신에게 맞지 않으면 모방하지 않고, 동작이 이상하더라도 자신의 신체에 맞는 동작은 자신의 것으로 바꾸어 새롭게 만들어나갔다. 이런 과정을 통해 동작의 필요한 부분만 자신의 것으로 바꾸어 도용하며 이때부터 자신만의 스타일을 발견하고 구축하기 시작하면서 창조하는 단계로 발전해간 것이다.

이렇듯 수용자(한국)의 문화는 자신에게 전달된 원조문화(미국)로부터 분리되기 시작한다. 종종 수입된 가치는 자연적으로 재구성되고, 문화적 전유의 최종 단계에서 마침내 그것은 원래부터 있었던 것처럼 진리가 되어 수용자 문화의 민족적인 맥락으로 흡수되어 전통 속에서 재발견되기에 이른다. 그리고 수용자 측 문화가 자신의 민족적인 것으로 재발견되기 시작하는 바로 이 단계에서, 역할의 변경이 일어난다. 수용자 측 문화가 문화세계에서 자신의 중심적인 위치를 주장하기 시작하면서, 수신자에서 발신자로 변화하는 것이다.

이처럼 한국 비보잉이 미국의 힙합댄스를 수용하여 모방-도용-변형의 과정을 거치면서 한국적인 이미지로 재구성되었다고 할 수 있다. 한국인의 정신과 신체에 맞는 멋과 미의 장점을 내세워 독창적인 한국 힙합춤으로 발전하여 힙합댄스의 본 고장인 미국과 선진국인 유럽대륙에 발신자의 입장에서 활약하는 국제적인 쾌거를 통해 증명하고 있다.

이제 한국 비보이들이 수용자 입장에서 발신자 입장으로 변화하여 세계무대에서 활동하고 있는 현황을 살펴보기로 한다.

한국 비보이들의 세계무대 활약

한국 비보이들의 실력은 세계에서 그 유례를 찾아보기 힘들 만큼 빠르게 성장했으며 이제 국제적으로도 그 영향력이 대단하다. 한국에서 비보이의 성장에 발맞춰 국가홍보처에서는 전통문화가 아님에도 불구하고 국가 5대 브랜드 중 하나로 '비보이'를 선정했다. 이러한 일은 한국문화 홍보에서도 찾기 힘든 사례로 놀라운 일이 아닐 수 없으며, 분명 그럴만한 이유가 있을 것이다.

가장 중요한 이유는 바로 국제 메이저 대회를 모두 석권하며 세계를 놀라게 한 비보이를 통해 한국문화를 세계로 알릴 수 있는 가능성을 보았기 때문이다. 사실 국내에서는 한국 비보이들의 활약상을 전혀 모르고 있었다. 오히려 한국에서 비보이들의 명성이 뻗어 나갔다기보다 세계에서 한국으로 그 명성이 알려졌다는 것이 맞을 것이다.

다음의 내용은 대부분 기호학자이자 경희대 프랑스어학과의 김기국 교수와 공동으로 집필한 논문에서 발췌한 것이다.

세계 비보이 4대 대회의 특성

비보이의 원류인 브레이크 댄스의 기원은 미국 소울(Soul) 음악의 대부라 불리는 제임스 브라운(James Brown)이 1972년 10월 27일에 발매한 싱글 앨범 〈Get on the Good Foot〉을 통해 보여준 독특한 춤 동작에서 찾아지곤 한다. 또는 1970년대 초, 뉴욕에서 활약했던 디제이 쿨 허크(Kool Herc)의 디제잉을 통한 간주, 즉 브레이크 시간 때 댄스를 추던 댄서들의 동작에서 찾기도 한다. 그 유래와 무관하게 1970년대 중반에 태동된 비보이는 1980년대에 들어서면서 〈플래시 댄스〉와 같은 영화(RSC 출연)나 공연, TV 등의 매체에 등장하면서 대중들에게 알려진다. 이후 80년대 중반 이후 비보이 문화의 쇠태와 90년대의 재등장의 과정을 거치면서 오늘에까지 이르고 있다.

세계 비보이의 흐름에서 흥미로운 점은 미국의 비보이 문화가 부침을 겪는 과정에서 유럽에 등장한 힙합문화와 비보이의 활동이다. 비보이가 전성기를 구가하던 1980년대에 미국에서 전파된 유럽의 비보이 문화는 미국 본류의 쇠퇴와 무관하게 그들만의 스타일을 갖추며 성장하게 된다.

1990년대 비보잉의 교과서로 세계 비보이들에게 많은 영향을 미친 '비보이 스톰(bboy Storm)'이 탄생한 독일은 오랫동안 파워 무브의 빠른 스피드와 화려한 테크닉을 앞세워 유럽을 대표하는 비보잉 강국으로 등극하며 1990년 보티를 개최한다. 예술성을 앞세워 스타일 무브에 특이한 동작과 다양한 장르의 춤을 가미하여 퍼포먼스의 완성도를 높인 프랑스는 개인의 기량과 작품성을 고루 갖춘 강국이다. 파워풀한 스타일 무브로 많은 비보이의 선망이 된 '비보이 모리지오(bboy Morichio)'와 비보잉 동작으로 한 손으로 물구나무를 서서 회전하는 '1990' 기술로 세계 최초 20바퀴를 선보이며 한동안 세계 파워 무브 1인자로 등극한 '비보이 치코(bboy Cico)'의 출신국인 이탈리아는 스타일 무브와 파워 무브가 발전한 비보잉 강국이다. 탄탄한 기본기를 중심으로 오리지널 스타일에 참신한 아이디어를 가미한 영국은 1996년 비보이 유케이 비보이 챔피언십을 개최한 비보잉 강국이다.

이처럼 유럽 비보이들의 활약과 성장은 비보잉의 본고장인 미국이 아닌 유럽에서 세계 최초이자 최대의 비보이 국제대회가 개최되는 계기를 마련한다. 이제 비보이계에서 메이저 대회라고 인정되는 세계 비보이 4대 대회의 특성을 간략하게 살펴보자.

① 배틀 오브 더 이어 Battle Of The Year

BOTY 대회는 1990년부터 시작된 세계에서 가장 오래된 비보이 대회로서 '비보이들의 월드컵'이라 평가받고 있는 권위와 명성을 지닌다. 대회의 운영방식은 본선에 출전한 각 나라의 대표 비보이 크루들의 퍼포먼스를 통해 총 4위까지의 순위를 가려내고, 배틀로 4팀 중 최종 우승팀을 가려내는 것이다. 이러한 BOTY 대회는 독일 하노버(Hanover) 근처의 부라운슈바이크(Braunschweig)라는 작은 시의 폭스바겐홀에서 개최되다가 2010년부터 2012년까지 프랑스 몽펠리에로 개최 장소를 변경, 2013년부터는 다시 원래의 도시로 옮겨서 개최되고 있다. 10월 중순 경에 7일 동안 진행되는 대회 기간 동안 비보이 경연 외에도 팝핑, 락킹, 뉴스쿨 힙합, We B-Girlz battles 등의 프로그램이 제공된다. 대회에 참여하는 비보이 크루의 배틀 실력은 물론 퍼포먼스의 능력 두 가지를 모두 평가하는 BOTY의 경기 운영방식은 다른 대회와 차이점을 보여준다.

② 유케이 비보이 챔피언십 UK B-boy Championship

유케이 비보이 챔피언쉽 대회는 1996년부터 영국 런던의 근교인 Brixton 시의 Carlington Brixton-Academy에서 9월(또는 10월) 중순경에 이틀에 걸쳐 진행된다. BOTY 대회와 달리 이 대회는 배틀로만 우승팀을 선정하는 방식으로 진행한다. 비보이 배틀을 포함하여 팝핀 1:1 배틀, 락킹 1:1 배틀, 그리고 풋워크, 힙합 프리스타일, Seven2Smoke, Dirty 30s 등의 행사가 진행된다. 타 대회의 경우 전문 MC를 고용하여 행사를 진행하는 경우가 대부분이지만, 이 대회에서는 미국의 전설적인 비보이 크루라 할 수 있는 '락 스테디 크루(Rock Steady Crew)'의 멤버이자 리더인 '크레이지 렉스(Crazy Legs)'가 고정으로 MC를 보고 있다는 점을 특징으로 들 수 있다.

③ 레드 불 비씨 원 Red Bull BC One

레드 불 비씨 원 대회는 다른 메이저 대회와 달리 가장 최근인 2004년에 시작되었다. 특히 이 대회는 매 대회마다 개최국가를 옮기는 순환 개최 방식을 취한다. 각 나라의 예선에서 대표 비보이를 선발하는 지역예선이 있고, 지역예선에서 뽑힌 비보이는 6개 지역의 대륙예선을 걸쳐 16명의 비보이를 최종 선발하여 월드파이널에 진출하게 된다. 2013년 한국에서 월드파이널을 개최하였으며 비보이 홍텐이 우승하였다.

　타 대회에 비해 기업의 전폭적인 지원을 받으며 배틀 공연장에 안마사, 전용연습실 등의 비보이들을 위한 배려와 각종 시스템이 잘 구비된 대회로 인정받고 있다. 또한 배틀이 진행되는 무대를 중심으로 둥그렇게 배치된 관객석은 세계적인 비보이들의 실력을 보다 가깝고 다양한 각도에서 지켜볼 수 있게 함으로써 나머지 세계대회와는 다른 독특한 차별성을 보여준다. 특히 이 대회는 배틀을 벌이는 비보이의 화려하고 복잡한 무브와 손짓, 표정 등을 고품질의 카메라로 포착함으로써 일반 대중들에게 레드불 비씨원만의 뛰어난 영상미를 전해주는 전략도 취하고 있다. 그리고 대회 전날에는 미디어 데이(Media Day) 행사에 방송사, 신문사, 잡지사 등의 인터뷰와 영상 및 사진촬영을 통해 대회와 월드파이널에 진출한 16명의 비보이에 대해 대대적인 홍보를 한다.

레드불 비씨원의 특징이라 할 수 있는 점은 자체적인 팀을 형성하고 있다는 것이다. 주로 월드파이널에서 우승한 비보이가 주를 이루며 현재 11명의 비보이로 이루어져있다. 팀명은 '레드불 비씨원 올스타(Red Bull All BC One Stars)'다. 이 팀은 주로 대회의 지역예선 및 대륙예선에 심사위원으로 활동하며 세계 각국을 돌며 워크샵을 열고 있다. 한국 비보이로는 '드리프터즈 크루'의 '비보이 홍텐'과 '진조크루'의 '비보이 윙'이 있다.

④ 프리 스타일 세션 World Session Free Style
앞에서 설명한 유럽에서 개최되는 대회와 함께 세계 4대 메이저 비보이 대회로 미국에서 개최하는 프리 스타일 세션이 있다. 미국의 비보이 크로스 원(Cros 1)이 1998년에 처음 개최한 팀배틀 대회에서 출발한 프리스타일 세션은 BOTY와 UK 비보이 챔피

언십을 이어 가장 중요한 비보이 대회 중 하나이다. 초창기 미국에서만 열리던 방식에서 탈피하여, 현재는 미국, 유럽, 한국, 일본 등 지역별 예선을 거친 후 월드 파이널(World Final)에서 우승을 놓고 겨루는 형식을 치른다.

프리 스타일 세션은 미국 특유의 개인적인 비보잉을 추구하는 경향과 단체 루틴을 추가한 크루쉽을 확인할 수 있는 오리지널 비보이의 명예가 달린 대회이다. 특히 지역 크루들 간의 비보잉 스타일에 대한 싸움이 대단하지만, 배틀이 끝나고 나서 서로를 아티스트로 인정하는 멋진 모습도 있다. 그러나 초창기 미국에서 탄생한 오리지널 배틀 형식으로 어떠한 룰도 없이 오직 자신들의 스타일과 감정을 내세우는 형식으로 이루어져 있다. 이 대회는 비보잉 문화가 단순히 경쟁에서 우승하는 목적보다는 진정한 아티스트임을 강조하는 행사이기도 하다.

이처럼 힙합 문화와 비보이의 탄생지라는 미국의 자존심과 오리지널 스타일에 가까운 비보잉을 선호하는 관계로 여타의 국제 대회와 달리 한국의 비보이 크루에게는 난공불락의 대회로 남아 있었다. 하지만 갬블러 크루가 2007년 준우승을 달성하고 진조 크루가 2011 대회에서 한국은 물론 아시아에서는 처음으로 우승함으로써 한국 비보이의 실력을 세계에 알리는 계기가 되었다.

R16 KOREA 대회

R-16의 R은 RESPECT(존경)을 뜻한다. 존경의 사전적 정의는 사람이나 개인적인 자질이나 능력의 가치나 뛰어남, 또는 개인적인 자질이나 능력의 표시라고 여겨지는 것에 대한 존중, 권리, 특권, 특권의 위치, 또는 특정 권리나 특권을 가진 것으로 여겨지는 어떤 사람이나 사물에 대한 경의, 완전한 인정이나 우대, 인정 등을 말한다. R-16 KOREA는 전 세계의 300명이 넘는 스트리트 아티스트, 뮤지션, 프로모터와 비보이들이 한국에 모이는 이벤트이다. 이 거대한 이벤트의 영원한 주제는 RESPECT(존경)이다. R-16에서 국적과 언어 그리고 인종을 초월하며 서로에 대한 RESPECT(존경)로 전 세계 사람들과 교감하며, 새로운 하나된 세계를 만들어 갈 것을 지향한다.

'R-16 KOREA' 대회는 '한국대중문화의 폭과 층을 넓혀 나감과 동시에 해외에 한국을 알리는 좋은 계기'를 마련하고, '비보이라는 생소하지만 획기적인 문화 콘텐츠를 국제무대에 올림으로써 한류 문화를 계승하고 확대할 수 있는 가능성'을 확인하기 위해 개최했다. 한국관광공사의 주최로 비보잉을 대표적 콘텐츠를 내세워 힙합문화의 모든 요소를 포함하여 대중과 함께 즐길 수 있는 행사로서 세계 각국의 예선전을 거쳐 16개국의 대표팀이 선발되어 본 대회에 참가하게 된다. 퍼포먼스 대회와 팀 배틀로 진행되며, 게스트로 힙합뮤지션을 초대하여 춤과 음악이 어우러진 대중적인 행사로 진행한다. 각 년도마다 진행 방식이 조금씩 변화하지만 대체로 배틀과 퍼포먼스 형식의 대회로 진행한다.

비보잉대회를 위주로 힙합춤에 해당하는 팝핑, 락킹, 비보잉 등의 1:1배틀 대회를 진행하여 여러 장르의 춤을 팀별과 개인별 능력을 다양하게 감상할 수 있다. 2007년 제1회 대회를 시작으로 2015년 현재 제9회 대회까지 성공적으로 개최되어 왔다. 대회 장소를 서울(1회), 수원(2회), 인천(3회) 등에서 순회하면서 개최하였던 〈R16 Korea〉는 4회 대회부터는 서울 올림픽 공원을 무대로 전개되었다. 회를 거듭할수록 〈R16 Korea〉는 비보잉 배틀과 퍼포먼스는 물론, 팝핀, 락킹배틀, 대회에 참가한 비보이들의 공연, 유명가수들의 '한류(슈퍼)콘서트', 국내외 유명 그라피티 예술가들의 작품으로 구성된 '그라피티 축제(Graffiti Festival)', 힙합 콘서트, 힙합스트리트마켓 등의 도시 거리문화(Urban Street Culture)를 아우르는 청년문화 축제로 확장되었다.

R-16 KOREA로 인해 한국의 비보이만 세계에 진출하고 인정받는 것을 넘어 한국의 비보잉대회도 세계에 진출하고 인정받는 쾌거를 이루게 된다. 현재 R-16 KOREA는 세계를 대표하는 메이저급 비보잉대회로 인정받고 있으며 이와 더불어 한국의 전통문화와 힙합문화의 위상을 제고하고 있다.

한국 비보이 크루의 성취

다음 표에서 알 수 있는 사실은 비보이 월드컵인 보티(BOTY)에서 14년 동안 한국 비보이크루가 퍼포먼스와 배틀을 합쳐 총 9회나 우승을 했다는 사실이다. 이러한 일은 비보잉의 종주국인 미국에서도 없었던 일이고, 개최국인 독일에서도 없었던 일이다. 14년 동안 9회를 우승했다는 사실은 전 세계 비보잉 역사상 이례적인 일이고 한국이 비보잉 강대국이란 사실을 증명하고 있다. 또한 '진조크루'는 국제 5대 대회를 모두 우승함으로써 세계 최초로 그랜드 슬램(grand slam)를 달성하며 한국 비보잉의 위상을 높이고 있다.

따라서 한국 비보이가 다른 나라에 비해 뒤늦은 힙합댄스의 수용에도 불구하고 단기간에 각종 메이저 대회에서 우승한 것을 알 수 있으며, 세계 5대 대회를 최초로 석권함으로써 그랜드 슬램을 달성하고 세계 비보잉의 강대국으로 등극한 것을 알 수 있다. 한국은 비보잉 강대국을 넘어 세계 비보잉 교과서라 불릴 만큼 독보적인 존재로 인정받고 있다. 이는 확실히 한국적인 춤으로 발전하여 세계 비보잉 문화에 발신자의 역할로 활동하고 있다는 점을 실례를 통해 확인시켜 주고 있다.

이러한 한국 비보이들의 활약은 그동안 미국과 유럽에 편중된 메이저 대회를 아시아의 한국으로 지역적 이동을 가능케 한

≪ 세계 비보이 5대 대회와 한국 비보이 크루의 성취 ≫

개최년도	BOTY	UK B-boy Championship	Red Bull BC One	Free Style Session	R16 Korea
2001	비주얼 쇼크 (퍼)				
2002	익스프레션	프로젝트소울(팀) 홍텐(2 : 솔로)			
2003	익스프레션(2) 갬블러(3)				
2004	갬블러	김효근(솔로) 프로젝트소울(팀) 홍텐(2 : 솔로)			
2005	라스트포원 갬블러(3)	프로젝트소울(팀)	홍텐(2)		
2006	라스트포원(2) 드리프터즈(3)	드리프터즈(2)	홍텐		
2007	익스트림	T.I.P.	홍텐(3)	갬블러(2)	리버스(팀)
2008	T.I.P.(2)		윙(진조 크루)		갬블러(팀)
2009	갬블러				
2010	진조 크루				진조 크루
2011		진조 크루(2)		진조 크루	진조 크루
2012			디퍼(2)		진조 크루 (퍼)
2013	퓨전엠씨	모닝오브아울	홍텐		모닝오브아울 (팀)
2014	퓨전엠씨(퍼)				갬블러(팀)

* 표에서 크루명은 우승을, '퍼'는 퍼포먼스 우승을, '팀'은 팀배틀 우승을, ( )의 숫자는 우승 이외의 순위를 말한다.

것으로 판단된다. 만약 한국 비보이들의 활약 없이 R-16이 개최 됐다면 세계 비보이들의 관심을 받기 힘들었을 것이다. R-16은 세계적인 국제대회를 거듭하며, 현재에는 세계 국제 메이저 5대 대회로 세계 비보이들에게 선망의 대상이 되고 있다. 이러한 측면은 한국 힙합문화를 직접 전달할 수 있는 문화의 힘을 지니게 되는 것이며 이와 더불어 한국 전통문화에 대한 관심도 고취할 수 있다고 생각한다.

급성장한 문화적 요인

첫 번째로 급성장한 문화적 요인으로는 춤에 대한 직업적 인식을 들 수 있다. 외국 비보이들은 대부분 다른 일을 하면서 취미로 춤을 즐기는 반면, 한국 비보이들은 춤을 즐기기 위한 것을 넘어 실질적인 생계 수단으로서 전념하는 삶을 살고 있다. 이처럼 춤 이외 다른 사회 직종에 종사하며 취미로 춤을 즐기는 외국 비보이들과 달리 한국 비보이들은 대부분 전적으로 비보잉에 전념하는 삶을 살았다. 말하자면 그들에게 있어 춤은 즐기기 위한 대상을 넘어서 실질적인 생계 수단이 되어야만 했다. 쉽게 말해 목숨 걸고 하니 빠르게 발전할 수밖에 없었다는 거다.

따라서 한국 비보이가 가장 빠르게 성장할 수 있었던 원동력은 바로 직업으로 비보잉을 선택했다는 것이다. 다른 직업과 병행하게 되면 연습시간이 부족할 뿐만 아니라 육체적 피로와 집중도를 떨어트리게 된다. 비보잉을 직업으로 선택한 팀은 연습실을 갖추고 하루 8~10시간 이상 춤에 몰입해서 연습할 수 있다는 장점을 가지고 있다. 세계대회의 퍼포먼스나 배틀의 루틴 동작은 팀의 호흡이 가장 중요한 부분이다. 이러한 점은 매일 연습실에서 10시간 이상 퍼포먼스와 배틀 루틴 동작을 연습하는 한국 비보이들이 세계대회를 모두 석권할 수 있었던 가장 큰 장점요소로 판단된다.

두 번째는 신체적인 요소를 들 수 있다. 한국 비보잉은 다른 장르의 힙합댄스보다 빠른 속도로 발전한 것을 알 수 있다. 일반적으로나 매체에서 힙합댄스라는 용어보다 '비보잉' 또는 '비보이'라는 용어를 보편적 사용하고 있다. 이러한 점은 한국에 힙합댄스가 문화적으로 인정받게 된 계기가 비보이들의 세계대회 우승이 이슈가 되어 매체에 널리 알려졌기 때문이다. 그러면 어떠한 이유로 비보잉만 빠르게 성장할 수 있었던 것인가. 그것은 서서 추는 춤인 뉴 스타일 힙합, 팝핀, 락킹, 왁킹, 하우스, 크럼핑 등에 비해 곡예적인 동작이 발전해 있기 때문이다. 대부분의 서서 추는 춤은 기본적인 동작과 느낌을 습득해야 어느 정도 무르익은 춤을 표현할 수 있다. 특히나 느낌을 습득하는 시간은 단시간보다는 장시간에 걸쳐 이루기 때문에 빠른 성장이 힘들다. 이에 비해 비보잉의 곡예적인 면은 느낌보다는 신체적인 조건에서 기술적으로 이루어지는 동작이다. 한국 비보잉 중에 특히 파워 무브가 발전할 수 있었던 점은 한국인의 체형이 작고 빠르고 날렵하기 때문이다. 영상을 통해 보아도 알겠지만, 세계의 파워 무브를 전문적으로 하는 비보이는 평균적으로 신체가 작은 비보이가 많다. 역시 한국에도 파워 무브를 전문으로 하는 비보이 대부분 작은 신체조건을 지니고 있다. 이러한 점은 신체가 큰 서양인보다 지면과 공간의 중력을 자유롭게 활용할 수 있는 장점이 있다. 우리가 흔히 알고 있는 비보이는 흑인들이 많을 거라고 생각하지만, 흑인보다는 백인과 아시아인, 라틴계열의 비보이들이 많으며 특히 파워 무브 분야에 두각을 나타내고 있다. 이러한 점은 몸의 느낌과 감정의 흐름이 주가 되는 춤과 다르게, 기술적인 면이 강한 파워 무브가 한국인의 체형에 맞았던 것 같다.

따라서 키가 작다는 단점은 비보잉 동작에 장점으로 바뀌었다. 한국의 비보이들은 키가 큰 서양인에 비해 무게중심이 낮은 작은 키의 안정성으로 우리만의 독특하고 개성 넘치는 배틀 무브로 세계적인 경쟁력을 갖추게 된 것을 판단할 수 있다.

세 번째는 한국 전통문화적인 요소에서 비보이들이 급성장한 원동력을 찾을 수 있다. 한국적 집단 문화에서 그 맥을 찾고 있는

데 마당놀이, 판소리, 굿, 탈춤 등과 같은 전통 놀이문화에서 개인의 놀이가 아닌 배우와 관객이 함께 모여 즐기는 집단적 특성이 그 요인이다. 이러한 문화적 특성이 한국 비보이들이 배틀 대회에서 개인의 기량을 극복하고 팀을 구성해 짜임새 있게 경쟁력을 갖출 수 있지 않았나 생각해 볼 수 있다. 그리고 한바탕 판을 벌였던 우리 놀이문화와 비보잉 무대의 열린 공간에서 벌이는 대회의 속성이 유사하다. 또한, 비보이가 비트 음악을 타고 춤을 추는 것과 한국 전통춤과 놀이에서 이루어지는 박자와 추임새에서 비슷한 점을 찾아볼 수 있다.

그리고 비보이가 주로 공연하던 거리의 공간과 한국 전통문화 속의 마당이란 공간이 만나는 지점이 유사하다고 볼 수 있다. 이는 비보잉 공연에서 관객과 공연자의 경계가 허물어지고 몰입 경험을 함께 공유하게 되는데 이를 우리 전통문화인 사물놀이, 탈춤 공연에서의 신명과 흥이 고조되는 배경과 유사한 점을 들여다볼 수 있다.

여기서 중요한 점이 제시되는데 바로 우리 전통문화 속에서 비보이들이 급성장한 원동력을 찾을 수 있다는 것이다. 그것은 우리 전통문화 속에 힙합적인 요소와 유사한 점이 있는데 이에 대해 좀 더 자세히 살펴보도록 하자.

한국의 유랑예인집단과 땅재주

힙합과 우리나라의 유랑예인 집단은 그 탄생 배경에서 유사한 점이 많다. 우선 하층민이라는 힘든 사회조건 속에서 자신들만의 재능을 키워온 점이 가장 크다고 할 수 있다. 하지만 힙합은 미국뿐만 아니라 세계적으로 관심을 받는 문화로 성장했지만, 유랑예인 집단의 땅재주는 우리의 고유한 문화이지만 정작 우리의 기억 속에서도 생소한 느낌을 준다는 점이 아쉽다. 그러나 이 문화가 일제강점기와 6·25전쟁이라는 고난의 역사 속에서도 한국의 예술을 꿋꿋이 지켜왔다는 점은 간과할 수 없는 사실이다.

유랑예인은 이곳저곳을 떠돌아다니며 하루 머물게 된 동네 마당에 놀이판을 벌여 숙식을 해결하던 집단을 말한다. 그 집단 중에 현존하는 집단은 남사당패가 유일하다고 할 수 있다. 2014년에 솟대쟁이패 복원이 이루어지기는 했지만, 남사당패처럼 이렇다 할 만한 확실한 활동을 펼치지는 못했다.

남사당패와 힙합의 사회적 환경을 보면 시기적으로 차이는 크게 나지만 상당히 유사한 모습을 지니고 있다. 사회적으로 하층민에 속하지만 그 속에서 자신들만의 독특한 문화를 일궈낸 점이 비슷하다. 또한 한 곳에 정착하지 못하고 장소를 옮겨다니며 거리에서 자유롭게 공연을 하고 그런 공연을 통해 어느 정도 생계를 해결했다는 점도 비슷하다. 그리고 한국의 예인집단을 가리키는 패거리와 비보이의 크루라는 용어 자체도 공통점이 있다. 패거리나 힙합의 크루는 같은 의미의 용어로 비슷한 재능을 지닌 사람들이 모여 집단을 형성하여 공연을 했다는 점에서 무척이나 유사하다.

그럼 땅재주는 무엇일까? 땅재주는 살판이라고도 한다. '잘하면 살판이요, 못하면 죽을 판'이라는 말에서 유래했다고 한다. 용어로 보자면 '땅재주'는 영어로 tumbling, floor acrobatic, acrobatic feat[performance] 정도로 옮길 수 있다. 힙합에서도 가장 기예적인 요소가 많은 춤이 비보잉이라 할 수 있다. 여기서 비보잉의 기술적인 동작을 순우리말로 표현한다면 서양 땅재주와 기예라고 부를 수도 있겠다.

땅재주와 비보잉은 공연 형태에서도 비슷한 점이 많다. 특히 거리에서 이루어진다는 점과 바닥에 멍석(mat)을 깔고 한다는 점이다. 그리고 음악적인 면에서도 타악기의 두드리는 비트음에 맞춰 표현한다는 점도 비슷하다.

이렇게 예인집단에서 발전된 땅재주를 젊은 세대가 열광하는 비보잉과 비교해보면 우리의 전통문화가 어렵거나 난해한 것이 아니라 친숙한 것이라고 느껴진다. 특히 남사당패와 땅재주 문화에는 힙합문화처럼 우리 삶에서 우러나온 해학과 익살이 짙게 묻어 있다. 힙합문화처럼 마음 편히 다가설 수 있는 유쾌하고 뜻 깊은 전통문화가 있었다는 것에 새삼 자부심을 느낀다.

하지만 땅재주는 우리의 전통문화이지만 말 그대로 문화재이다. 그 당시에 했던 것을 그대로 현재에 적용한다는 것은 무리가 있다. 우리가 땅재주의 장단점을 파악하고 현재의 것으로 새롭게 받아들여 재구성한다면 문화재로 멈춰 있는 것에서 흐름을 만들어낼 수 있는 새롭고도 독특한 문화가 될 수 있을 것이다.

지금부터 필자의 논문인 〈비보잉과 남사당놀이 땅재주의 공연형태와 동작 비교 연구〉에서 발췌해서 수정한 내용을 소개하고자 한다. 논문에 인용된 저자들의 표기는 대부분 포함시키지 않았다. 논문을 보는 사람들은 인용된 저자의 표기에 익숙하겠지만, 일반 독자들에게는 읽는 흐름을 방해할 수 있어 특별하지 않은 경우 인용저자를 표기하지 않았다. 인용된 저자의 논문과 책은 참고문헌에 따로 기재해 두었으니 관심 있는 독자들은 참고하시기 바란다.

1. 한국의 유랑예인집단

유랑예인집단에 관한 구체적인 실상과 연원을 추적하기에는 기록이 매우 단편적이고 피상적이기 때문에 많은 어려움이 따른다. 그러나 원시사회에서 부족국가로 고대국가가 성립된 이후에도 각처를 떠돌며 전문적인 연희를 공연하며 생계를 유지하던 유랑예인집단의 존재를 유추할 수 있다. 그리고 민족 이동의 경로로 볼 수 있는 수렵에서 유목과 농경 생활의 과정을 거치는 동안 떠돌이 민중 놀이집단의 형태가 생겨나기 시작하였으며 부족의 이동을 따라 유랑하던 집단은 점차 예인집단의 형태를 갖춰가기 시작하였다고 한다.

신라시대 이전에도 유랑예인집단이 있었을 것으로 추정하고 있으나, 구체적인 면모를 파악할 수 있는 시기는 조선 시대로, 조선 후기부터 다양한 유랑예인집단이 떠돌이 유민(流民)들과 관련성이 있다고 보고 있다. 이처럼 부족들이 정착된 후에도 예인집단은 각처로 유랑하며 전문적인 예인집단으로 발전하기에 이르면서 1900년대 초엽까지 그 명맥을 이어온 것으로 보인다.

조선 후기에는 사회경제적인 변동으로 인해 과중한 조세부담과 빈번한 자연재해 등으로 많은 유민이 발생했다. 이런 유민들은 본거지를 떠나 다른 지역의 농촌이나 화전(火田), 광산 등지에 임노동자로 흡수되어 살길을 모색했다. 하지만 유민의 생활은 유랑길을 떠나 정착하기까지 매우 비참했으며 절도와 약탈 등의 각종 폐단을 저질렀다. 이러한 유민은 무리를 지어 각처를 떠돌며 승려나 거사집단에 들어가거나 집단 도적떼인 명화적(明火賊)의 일원이 되기도 했다. 이처럼 일부는 도적떼가 되어 폐단을 일으키기도 했지만, 그중 일부는 유랑예인집단으로 편입되었다고 추정하고 있다. 조선 후기부터 유랑예인집단의 활동이 더욱더 활발해졌으며 이 시기에 유랑예인들의 수도 증가하여 연희가 질적으로도 매우 다양한 양태로 발전했다.

예인집단은 1900년 이전까지만 해도 사당패, 남사당패, 솟대쟁이패, 초란이패, 대광대패, 걸립패, 광대패, 중매구패, 굿중패, 얘기장사패, 각설이패 등 다양한 예인집단이 있었지만 현재에는 남사당패만이 그 명맥을 잇고 있다. 이 중에서도 '땅재주'를 전문적으로 연행했던 대표적인 패거리로 남사당패와 솟대쟁이패로 꼽고 있다.

현재 일반적으로 알려진 남사당패와 명칭이 비슷한 사당패 그리고 땅재주를 전문적으로 한 솟대쟁이패에 대해 살펴보기로 한다.

① 사당패

사당패와 남사당패는 명칭이 비슷해 같은 예인집단으로 혼동할 수 있다. 사당패는 곡예(曲藝)와 가창, 산대극 혹은 인형극을 단순하게 고쳐 연행했다. 이들은 대개 매음을 했는데 일례로 사당패의 여사당들이 춤을 출 때 관객 중에 누가 돈을 입에 물고 부르면 여사당은 달려가 입으로 돈을 받으며 접문하고 매음까지 하는 모습을 보이기도 했다. 이것은 주로 패거리의 생계를 위한 행위였으며 문화적으로 자연스럽게 형성된 것이기도 하다. 사당패는 여자로만 이루어진 패거리로 보는 사람들도 있으며, 가면극과 인형극 배우는 전부 남자가 있어 남녀 모두가 모여 있었던 것으로 보기도 한다. 그러나 이점은 사당패에 연희자 중 여자만이 있는 것이 아니라 남자도 있다는 점을 의미하며 사당패와 남사당패의 관계에 대해 혼동을 주고 있다.

이렇듯 어떤 점에서는 사당패와 남사당패를 동일한 패거리로 보고 두 패거리의 역사를 동일하게 보려는 시각도 있다. 사당패로부터 직접적으로 남사당패가 시작되었으며 그 근거를 사당패가 유행하고 수요가 늘어나면서 여사당들이 부족하게 되고 그에 따라 여장한 남자가 그 역할을 하면서 생겨난 것이 남사당패라고 보고 있다.

사당패는 여성들이 중심을 이룬 연행패로 벅구춤과 민요, 판소리 등의 노래와 때로는 재담 등을 연행했으며 사당패를 남사당패와 구분짓기 위해 여사당패라 칭하기도 했다. 1930년대 걸립패와 남사당패에 흡수되거나 해체됐다고 하며 연행 종목은 남사당패에 흡수되었다고 판단하고 있다.

② 남사당패

남사당패가 1900년대 이전에 자연발생적이거나 자연 발전적으로 생성한 민중놀이집단을 일컫는 것이라고 얘기하고 있다. 떠돌이 예인집단이었던 남사당패는 그 유지와 구성이 어려웠을 것으로 짐작하고 있으며 봉건체제하의 지배층은 천민이나 상놈으로 이루어진 패거리를 곱게만 바라보지 않았을 것이다. 유랑예인집단 중에 현재까지 그 명맥을 유지하고 있는 대표적인 패거리가 남사당패다. 대체로 유랑예인집단들은 1900년대 이후 사회 변화에 따라 점차 소멸된 것으로 보고 있다. 남사당패는 남자들로만 구성된 떠돌이 집단으로 한 곳에 정착하지 않고 유랑하면서 연희로 생활고를 해결했으며 숙식만 제공받으면 마을의 큰 마당이나 장터에서 밤늦게까지 놀이판을 벌였다.

남사당패는 원래 남자들로만 구성되었으며 50명 이상의 대규모 인원으로 이루어진 연희집단으로 떠돌이 생활을 하며 연희로 생계를 유지하였다. 처음에는 남자로 구성되다가, 후대에는 여성들도 구성원으로 참여하게 되었지만, 원래의 남색(男色)집단의 성격은 유지했다고 한다. 전국을 유랑하는 연희집단의 특징은 사라졌지만, 현재까지 연희 형태의 실체가 남아 있는 유일한 예인 집단이며 남사당패가 유랑예인집단 중에 가장 늦게 형성되었으며 현재까지 그 명맥을 이어오고 있다.

공연에 있어 남사당패에게 사계절 중 모심는 계절인 봄부터 추수가 끝나는 늦가을이 전성기이며 겨울을 최악의 계절로 보고 있다. 이 기간 동안은 실력이 부족한 가열과 삐리(후보자 또는 연습생)들에게 기예를 가르쳤다고 한다.

남사당놀이의 놀이판 형식은 노는 자와 보는 자가 한 덩어리가 되어 어울릴 수 있는 마당굿으로 표현하고 있다. 공연은 주로 밤에 이루어졌는데 놀이판으로 잡은 넓은 마당에 횃불을 올리고 풍물을 울리며 풍물잽이들이 마을을 돌면 동네 사람들이 그 뒤를 잇는 큰 행렬인 길놀이가 이루어지면서 놀이판에 모였다는 것이다. 남사당놀이는 여섯 종목으로 이루어져 풍물, 버나, 살판, 어름, 덧뵈기, 덜미로 나누어 공연하는데 공연 시간은 대략 밤 7시부터 새벽3~4시경까지 총 7~8시간이 소요됐다고 한다. 남사당놀이의 여섯 가지를 요약하자면 아래 표와 같다.

풍물, 버나, 살판, 어름, 덧뵈기, 덜미는 현재에도 남사당놀이의 대표적인 놀이이다. 그러나 솟대타기, 쌍줄타기, 얼른(마술), 죽방울 받기, 남사당 타령 등은 오늘날까지 전승되지 못해 소멸한 놀이로서 안타까움을 주고 있다.

남사당패의 구성으로는 대표인 꼭두쇠와 그 밑에서 기획을 담당하는 곰뱅이쇠, 각 연희 종목을 공연하는 선임자를 뜬쇠, 그 밑에서 연희를 하거나 배우는 가열 그리고 초보자인 삐리가 있으며 나이가 많고 연희할 수 없는 저승패와 등짐꾼으로 일만 하는 나귀쇠 등, 자체적으로 계급을 갖추고 있다.

남사당 놀이	연 희 내 용
풍물	농악이라고도 불리며 웃다리 가락을 바탕으로 하는 풍물놀이로서 진풀이와 무동(새미) 그리고 채상(열두 발 상모) 등 체기와 묘기를 가미한 연희이다.
버나	대접돌리기라도 하며 체바퀴와 대접 그리고 대야 등을 앵두나무로 만든 막대기로 돌리는 묘기를 말한다. 특징은 어릿광대(매호씨)와 재담을 주고받으며 잽이의 장단에 맞춰 진행된다는 점이다.
땅재주	살판이라고도 하며 잘하면 살판이며 못하면 죽을 판이다 하여 살판이라 불리게 되었다. 땅재주꾼과 어릿광대(매호씨)가 재담을 주고받으며 잽이의 장단에 맞춰 진행되며 멍석 위에서 땅재주꾼이 묘기를 하는 것인데 오늘날의 텀블링을 연상케 하는 연희를 말한다.
어름	줄타기라고도 하며 줄꾼(어름산이)은 줄 위에서 다양한 묘기와 가창을 하고 어릿광대(매호씨)와 재담을 주고받으며 잽이의 장단에 맞춰 진행되는 연희를 말한다.
덧뵈기	탈놀이라고도 하며 탈을 쓰고, 춤보다는 재담과 해학적인 동작이 돋보이는 풍자극으로 양반과 상놈의 갈등을 상놈 편에 서서 연희하는 것으로 의식적인 저항 형태를 보이고 있다.
덜미	꼭두각시놀음 또는 박첨지놀음으로 불리며 남사당놀이에서 가장 대표되는 연희이다. 주로 남사당놀이의 마지막 순서로 우리나라에 하나밖에 없는 민속 인형극을 말한다.

공연을 위주로 하는 연희단체인 만큼 기능이 우수한 뜬쇠가 가장 중요시되었고 꼭두쇠는 그 중에서 선발했다. 남사당패는 꼭두쇠의 지시로 전국을 떠돌며 공연한 패거리로 고정된 수입이 없었으며 오직 개개인의 우수한 예능실력에 생계를 의존할 수밖에 없다.

곰뱅이쇠가 마을을 찾아가 연희를 허락받는 것을 곰뱅이를 튼다고 하는데, 곰뱅이를 트면 끼니를 해결할 수 있지만, 그렇지 못하면 단원들은 굶주림과 영양실조로 이어졌다고 한다. 그러므로 연희자들은 자신의 예능실력을 높이기 위해 노력했으며 꼭두쇠는 단원들의 수준 향상을 위해 특별히 심혈을 기울였다. 그러한 이유는 단원들의 실력이 곧 생계와 직결되기 때문이었다.

남사당패의 공연수입이 생기는 경우 돈을 모아두었다가, 총무인 곰뱅이쇠가 보통 15일에 한 번 정도 공평하게 분배하였는데 집단의 운영경비를 제외하고 서열에 따라 나누어 주었다. 그러나 돈 자체가 너무 적어 용돈 정도에 불과한 수준이었다. 그런데도 남사당패가 생활이 가능했던 이유는 부양할 가족이 전혀 없었기 때문이다.

남사당패의 욕심이 없고 유유자적한 삶의 방식은 다른 패거리와의 관계에서도 나타난다. 남사당패는 그 마을에 다른 남사당패가 공연하고 있다는 소식을 들으면 일부러 다른 곳으로 피해 가 공연을 했으며, 우연히 만나게 되면 합동으로 공연하고 우

의를 다지며 친한 사이끼리는 술도 마시며 회포를 풀었다. 남사
당패의 개인 및 패거리 사이에서는 경쟁심과 갈등은 거의 없었
으며 대체로 사이가 좋았다고 한다. 그러한 점은 돈과 흥행을 목
적으로 공연하지 않았기 때문이다. 이것은 애초부터 돈을 벌겠
다는 욕심은 없고 유랑하며 자유로운 삶을 살았다는 것을 보여
준다.

　남사당패는 1930년대 말까지 존속했다고 보고 있으며 그 이
후로는 다른 걸립패(乞粒牌)와 제휴하여 심한 변질 과정을 거치
면서 근근이 연희하는 방식으로 존속되다가 1950년대 6·25까
지 겪으면서 1953년 공연을 마지막으로 사라지게 되었다고 한
다. 남사당패의 일원들이 1954년 재규합을 시도했으나 명칭이
남사당패가 아닌 농악대로 출발하였으며 그 후 1964년 남사당
놀이 중 덜미가 중요무형문화재 제3호로 지정되어 새로운 시작
을 하게 되었다.

③ 솟대쟁이패

사당패와 남사당패는 연희를 하기 위해 주로 마을과 파시(波市)
와 장터를 골라 다녔다. 대부분의 유랑예인집단들은 마을을 찾
아다녔지만 솟대쟁이패는 주로 장터를 골라 찾아다녔다. 그들은
특히 솟대타기 기예를 중심으로 이루어진 예인집단이었다.

　반면 규모나 내용에서 최고로 꼽히던 남사당패에는 솟대타기

가 없었다. 사당패와 남사당패는 주로 춤과 음악 그리고 연극적 놀이를 했다면 솟대쟁이패는 곡예(曲藝)를 중심으로 연희를 펼쳤다.

솟대쟁이패의 명칭은 다른 패와 다르게 연희를 하는 놀이판 한가운데 긴 솟대(장대)를 세우고, 꼭대기에서 양편으로 두 가닥씩 총 네 가닥의 줄을 팽팽하게 늘여놓고 줄 위에서 다양한 재주를 부린 데서 비롯되었다. 솟대쟁이패는 1930년대 이후 점차 사라졌지만, 땅재주에 있어 주목할 만한 점은 솟대쟁패였다가 후에 남사당패의 일원이 된 땅재주꾼 송순갑(宋淳甲)이다. 송순갑이 솟대쟁패에서 남사당패의 일원이 된 점은 솟대쟁이패에서 땅재주를 잘하면 남사당패로 불려갔던 관행에 따른 것이라고 한다. 이러한 사례에 근거해 남사당패가 솟대쟁이패보다 활동영역이 넓었다고 보고 있으며 남사당패에 가면 땅재주 시간을 1시간에서 반시간으로 줄였는데 남사당패는 솟대쟁이패만큼 땅재주를 중시하지 않았던 것으로 보인다.

송순갑의 생존에 남긴 증언에 의하면 솟대패는 장터를 찾아다니면서 공연을 했으며, 공연장 주변에 말뚝을 박고 말뚝에 새끼를 매어 놓아 경계로 삼아 공연장으로 삼았다고 한다. 그 당시 입장료는 어른이 20전, 아이들이 10전 정도였으며 당시 숙식하는 곳의 밥값은 한 상에 10~15전이었다고 한다. 전체 수입금 중에서 모갑이가 2할을 갖고 나머지로 출연료를 계산했는데 보통

하루 최고가 30전, 다음에 20전, 아이들이 15전 정도가 되었다고 한다. 숙식하는 데 들어가는 대금이 30전 정도였으니 수입이 적은 날은 밥 한 상을 둘이서 나눠 먹거나 굶기도 했다고 한다.

솟대쟁이패의 무대는 어른 다섯 발 내외의 장대를 세우고, 양 옆으로 쌍줄을 내려 땅바닥에 고정했으며 솟대 아래는 멍석 6닢을 깔았는데 그곳이 놀이판이 되었다고 한다. 이들은 놀이판인 멍석에서 땅재주를 한 것으로 알려져 있다. 여기서 땅재주를 한 송순갑은 솟대쟁이패와 남사당패의 놀이판과 구별되는 점을 증언했다. 남사당놀이는 주로 밤에 놀이판을 열었지만, 솟대쟁이패는 밤을 피하고 주로 낮에 놀이판을 벌였다는 것이다. 간혹 밤에도 놀이판을 벌였지만 솟대타기를 하는 데는 밤이 적합하지 않았기 때문이다. 밤에 놀이판을 벌이는 경우 횃불을 밝히는데 그을음이 날 때까지 쌍줄에 오르지 않도록 놀이판 주변 밖에서 밝혔다고 한다. 이러한 점은 사당패나 남사당패와 다르게 솟대쟁이패가 주로 장터를 찾았다는 점과 낮에 사람들이 장터에 몰렸기 때문으로 보인다.

솟대쟁이패의 연희 종목은 땅재주, 풍물, 얼른, 줄타기, 병신굿, 솟대타기 등의 여섯 가지로 보고 있다. 땅재주는 공중이나 지면을 이용한 다양한 재주를 보였다. 풍물에서는 농악과 무동 그리고 곡예 등의 체기(體技)가 돋보였다. 얼른은 현대의 요술이나 마술과 같다. 줄타기는 재담보다는 곡예 중심이었다. 병신굿은

지주와 머슴이 엮는 것으로 신분과 계층에 관계없이 올바른 일을 하지 못한다면 너나 할 것 없이 모두 병신이라는 내용의 해학적인 연희이다. 솟대타기는 쌍줄백이라고도 한다. 현대의 평행봉 정도 너비의 두 줄을 높은 장대 위에 양옆으로 설치하고 그 위에서 물구나무서서 걷거나, 구르거나 다양한 재주를 부리는 묘기를 말한다.

솟대쟁이패의 쌍줄백이는 솟대타기를 달리 부르는 명칭으로 쌍줄백이와 쌍줄타기가 언뜻 닮은 것 같지만 다른 기예다. 쌍줄타기는 장대를 엑스자로 교차하여 공중에 줄을 매어 놓는다. 반면, 쌍줄백이(솟대타기)는 솟대 위에 항상 십자형의 발받침이 있고 그 위에서 기예를 하게 되어 있다고 한다. 쉽게 말해 쌍줄백이와 쌍줄타기는 나무의 생김새도 다르고 줄을 매는 방식도 다르며, 쌍줄백이는 줄과 나무에서 기예를 펼치지만 쌍줄타기는 줄에서만 기예를 펼치는 차이를 보인다. 그러나 아쉽게도 솟대타기의 기예는 서구의 서커스가 수용되면서 이에 편입되거나 흡수되어 사라졌으며 현재는 전승되지 않는다고 한다.

2. 땅재주(살판)

우리 민족은 조선왕조 5백년 동안 인습적인 유교적 윤리관 때문에 도약적인 기풍이 억제되었다. 이처럼 유교적 윤리관의 비능동적인 인습을 파기한 약동적인 미(美)로 민중의 구경거리가 되었던 땅재주(살판)는 전래의 민속체기(民俗體技) 중에서도 희귀한 존재라고 보고 있다. 또한, 서민들이 즐겼던 땅재주는 오랫동안 유한계층을 지배해 온 신선사상에서 비롯된 도락적인 생활방식을 서민들이 비판적으로 극복하는 점에 크게 작용했을 것이며 더욱이 생동적이고 능동적인 자기발전의 박차로서 구실을 했을 것이라고 전하고 있다.

조선조 명종 때 명나라의 사신이었던 동월이 귀국하여 견문기의 내용을 담은 조선부를 출간했다. 견문기 내용 중에 근두(筋斗)라는 어휘가 나타나는데, 그것이 오늘날의 곤두박질에 해당하는 옛 광대놀이 중의 하나라고 판단하고 있다. 땅재주는 평지 위에서 신체를 다양하게 사용하여 표현하는 기예로서 관아의 산대놀이나 민간 연희에서 널리 공연했으며, 지예(地藝), 장기(場技), 살판, 근두 등으로 불리어 왔다고 한다. 곤두박질은 서양에서 수용된 체조의 일종으로 인식되기도 하나, 사실은 유사한 몸놀림이 땅재주라는 명칭의 전통기예로 전승됐으며 현재에는 그 맥이 끊긴 상태라고 할 수 있다.

땅재주꾼인 김봉업이 증언한 땅재주는 동방예의지국의 놀음이라 날씨가 더운 한여름이라도 살 한 점 보이는 법이 없었다고 하며, 두루마기만 벗을 뿐 갓을 쓰고 있으며 행건(行巾)은 쳐도 안 쳐도 상관없었다고 한다. 공연할 때 마련할 것이라고는 멍석 5~6 닢을 마당에 깔면 그만이라고 하며 장단도 삼현육각만 있어도 좋고, 장구만으로 당악가락 장단이면 그만이라고 얘기했다. 특히 땅재주의 기본을 살판이라고 하며 살판은 두 손을 짚고 한 번씩 법사를 넘는 텀블링과 같은 것이라고 말하고 있다.

땅재주 공연은 땅재주꾼(살판쇠)과 어릿광대(매호씨)가 잽이의 장단에 맞추어 재담을 주고받으며 하는 방식으로 신체의 묘기와 재담이 반반씩 이루어진 놀이라고 볼 수 있다. 여기서 어릿광대는 중간마다 끼어들어 땅재주꾼의 묘기를 놀이와 재담을 해학적이고 익살스럽게 흉내내거나 일부러 실수하여 관중의 재미를 돋우어준다. 어릿광대의 역할은 동작에 재치 있는 재담과 우스꽝스러운 실수를 넣음으로써 극적 효과를 높여주고 놀이판의 분위기를 이끌어가는 것이다.

땅재주꾼의 역할은 신체의 묘기를 보여주는 것이지만, 그중에서도 앉은뱅이 모말되기 동작은 앉은뱅이가 곡식을 담는 시늉으로 희극적인 면이 내포되어 있다. 이러한 기예를 잘하지 못하면 공연 수익이 적어 끼니를 해결하지 못하고 굶게 된다. 동작에 많은 위험이 따랐으나 생계가 오직 기예 능력에 달렸기 때문에 죽

기 살기로 배우고 익혀 놀이판에서 일 초의 실수도 없이 해내야
했다.

　오늘날의 땅재주 동작 설명에 대한 문헌자료는 예용해(1997)
와 심우성(1994)의 자료에 나타나는 것으로 한정되어 있다. 예용
해와 심우성의 자료에 나타난 땅재주 명인은 故김봉업과 故송순
갑으로 이루어져 있다. 김봉업의 경우 땅재주 변형 동작을 증언
한 내용을 예용해가 글로 기록하였으며, 송순갑의 땅재주 기본
12기예는 1967년 4월 18일 심우성의 자택에서 송순갑의 땅재주
동작실연과 증언 내용을 정리하여 기록했다.

　송순갑이 김봉업의 땅재주를 재현할 수 없는 모범이라고 증
언했다고 한다. 즉 김봉업의 땅재주가 다양하고 뛰어났다고 볼
수 있다. 그런데 김봉업은 남사당패와 솟대쟁이패에서 활동한 땅
재주꾼이 아닌 전통 땅재주 광대였다. 이처럼 송순갑이 증언한
땅재주보다 김봉업의 땅재주 기예가 고차원적인 기예라는 점과
땅재주의 기예 차이를 예인집단에 의한 차이보다는 지극히 개인
기량의 차이로 판단할 수 있다.

　현재 땅재주 후계자로는 김봉업의 경우에는 아쉽게도 없지만
송순갑의 후계자로는 '이봉교'가 유일하다고 한다. 그러니까 현
재 땅재주에 대해 실질적으로 아시는 분은 생존해 계신 '이봉교'
한 분뿐이다. 지금은 연로하셔서 땅재주를 직접 동작을 실연하
기는 힘들지만 증언을 토대로 땅재주의 생생한 동작을 복원할

수 있었다. 물론 이봉교 선생님을 직접 만나 보았다. 이봉교 선생님과 만나 내가 비보이라고 하니 놀라면서 한국의 땅재주를 하고 있다고 웃으면서 하신 얘기를 듣고 반가웠다. 그럼 선생님은 한국 스타일 비보이시네요! 하고 웃던 기억이 난다. 무엇보다도 놀란 사실은 이봉교 선생님이 비보잉을 매체를 통해 보고 저게 한국에 원래부터 있던 땅재주라고 하셨던 말씀이 나를 더욱더 이 연구에 끌어들이는 계기가 되었다.

그럼 이봉교 선생님의 증언을 토대로 복원한 땅재주 동작을 살펴보기 전에 먼저 송순갑과 김봉업의 땅재주 동작을 살펴보기로 하자.

① 송순갑의 땅재주 12기예 동작

송순갑이 증언한 땅재주의 종류는 12가지로 이루어져 있는데, 12가지에서 여러 가지 동작으로 변형시켜 얼마든지 다양한 재주를 구사할 수 있으며, 12가지 외에도 새로운 땅재주 동작을 발견하면 그 수가 첨가될 가능성이 있다고 본다. 그리고 마지막 순서인 살판이 가장 위험한 기예로 당시 구경꾼들에게는 비인간적인 동작으로 보였을 것이라고 얘기하고 있다.

송순갑이 증언한 땅재주 12기예 동작은 다음의 표와 같다.

≪ 송순갑의 땅재주 12기예 동작 ≫

송순갑 12기예	동작 설명
앞곤두	앞으로 걸어가다가 손 짚고 한 번 공중회전하고 서기
뒷곤두	뒷걸음으로 가다가 손 짚고 뒤로 한 번 회전하고 서기
번개곤두	앞으로 가다가 손 짚지 않고 공중회전하고 서기
자반뒤지기	양손만을 땅에 짚고 몸 전체를 틀어 바닥에 닿지 않도록 뒤집어가기
팔걸음	두 팔 짚고 거꾸로 서서 걸어가기
외팔걸음	외팔로 거꾸로 서서 걸어가기
외팔곤두	앞으로 가다가 외팔 짚고 공중회전하여 바로 서기
앉은뱅이 팔걸음	양발을 오므려 책상다리하고 거꾸로 서서 걸어가기
쑤세미트리	앞곤두와 같은 것을 큰 원을 돌며 네 번 계속하기
앉은뱅이 모말되기	양손은 엎드려 땅을 짚고 발은 책상다리로 오므려 붙이고는 옆에 말(斗)이 있다는 가상 하에 양 무릎으로 펴 넣고 오른쪽 무릎으로 꾹꾹 누르는 흉내
숭어뜀	하늘을 본 채 양팔은 뒤로 땅을 짚고 양발은 땅을 디딘 채 손을 떼며 몸을 틀어 일어서서는, 다시 양손만 짚고 팔걸음으로 섰다가, 양발이 넘어가 처음 자세대로 한 후, 다시 몸을 틀어 양발을 하늘로 올려 반대 방향으로 뒤집어가기
살판	껑충껑충 위로 뛰다가 몸을 틀어 공중회전하고 서기

② 김봉업의 땅재주 변형 동작

김봉업이 증언한 땅재주 변형 동작은 기본 살판을 이용하여 귀잡은살판, 팔짱살판, 자국살판, 화로살판이 있다고 한다. 이 중에서도 가장 어려운 것이 화로살판인데 불을 벌겋게 피워 놓은 화

≪ 김봉업의 땅재주 변형 동작 ≫

김봉업 변형 기예	동작 설명
뒷군두	살판을 10여 번 계속해서 넘는다.
널 뒷군두	뒷군두의 나가떨어지는 폭을 넓힌 것으로 그 간격은 한 칸통이 된다.
번개재주	뒷군두를 좁혀서 번개처럼 번쩍번쩍 빨리 넘는다.
지팡설손	한 번은 뜨게, 한 번은 재게 번갈아 넘는다. 나중에는 손을 짚지 않고 공중에 떴다가 확 몸을 뒤집으며 떨어진다.
옆시금	옆으로만 돌아서 떨어진다.
앞시금	손을 짚지 않고 앞으로 넘어서 떨어진다.
고디 앞시금	앞으로 떨어지다가 몸을 확 돌려서 떨어진다.
용틀임	동으로 서서 뒷군두를 넘어 공중에 솟았다가 떨어지면서 몸을 용틀임해서 땅에 섰을 때는 북을 보고 서게 되는 것이다. 용틀임은 땅재주 가운데서도 가장 어려운 것의 하나로 잘못하다가는 목이 부러져 죽는 수가 있다.
살판 배사림	뒤로 넘어서 팔을 짚고 배를 사르르 땅에 대면서 몸을 확 뒤집어 뒷목잡이로 일어선다
살판 수숫잎틀이	뒤로 넘으면서 몸을 뒤집는 동작을 10여 번 거듭한다.
돌아때기	선 채 확 돌아 이쪽 저쪽 팔을 짚고 돌아서면서 떨어진다.
숭어뜀	'숭어 벼루 뛰기' 또는 '먼팔뜀'이라고도 한다. 공중에 높이 몸을 던졌다가 팔을 짚고 떨어진다.
팔꿇기	팔을 꿇고 거꾸로 서서 팔을 폈다 오므렸다 한다.
노구걸이	팔꿈치와 무릎을 붙여서 엎디어서 곱게 거꾸로 선다.
배돛대	'살판 배사림'에서 다리를 끌고 힘만으로 일어난다.
오리걸음	두 팔을 짚고 아기작 걸음을 걷는다.
부줏대넘기	'대넘이'라고도 한다. 왕대를 발 가웃 길이를 잘라 손에 잡고 달음박질을 치며 넘다가 땅을 짚으면서 배에 대고 올라타서 앞으로 껑충껑충 뛰어나가다가 또다시 앞으로 넘으면서 대를 짚고 일어선다.
모둘빼기	'길넘이'라고도 한다. 갓 쓴 사람을 12명 나란히 세워두고 넘으면서 공중에 뛰어 떠서 사람 위로 넘는다. 그 폭은 2칸통이 좋다. 처음 발을 뗄 때는 '정양(正陽?) 활쏘기'와 같이 '충성 충, 법칙 칙' 하고, '충성 충'에서는 뜨게 발을 옮겨놓았다가 '법칙 칙'에서는 빨리 하여 공중으로 뛰어 뜨는 것이다. 모둘빼기는 화로살판, 용틀임과 함께 가장 어려운 땅재주의 하나이다.

로를 안고 뒤로 살판을 넘어 착지하는 것이라고 표현하고 있다. 화로살판은 자칫 잘못하면 온몸에 불을 뒤집어쓰게 되어 위험하다고 한다. 그러니 다른 살판은 넘는 순간을 늘려도 되지만, 화로살판은 단숨에 빨리 넘어야 한다고 증언하고 있다.

김봉업이 증언한 땅재주 변형 동작은 왼쪽 표와 같다.

③ 땅재주꾼인 이봉교 선생의 토대로 복원한 땅재주 동작

송순갑과 김봉업이 증언한 내용으로는 동작을 완벽하게 복원하는데 한계가 있다. 그래서 땅재주에 관련된 전문인을 섭외하여 증언을 토대로 복원했다. 안성 남사당놀이패에서 활동하였던 땅재주꾼을 섭외하여 시범동작을 실연했다. 그 외로 국내 유명한 비보이 5인을 섭외하여 땅재주 동작을 따라 해보고 그와 유사한 동작을 비보잉 동작으로 실연해 봄으로써 관계성을 연구했다. 전문인으로 남사당패에 관해 최초로 연구한 심우성, 송순갑의 마지막 제자인 이봉교, 광주시립예술단의 시립광지원 농악단 총감독과 무용문화재 전수회관 남사당놀이 이수자이자 단장인 양근수에게 의뢰했다. 양근수는 동작을 복원하던 날 직접 방문하여 땅재주 동작의 진위 여부를 판단하였으며 촬영된 영상을 이봉교에서 의뢰하여 검증받았다. 사진으로만 보아선 이해가 힘들 수 있으니 유튜브에서 〈땅재주〉 또는 〈DDANG JAE JOO〉로 검색해 복원영상을 확인하면 더욱더 쉽게 이해할 수 있다.

땅재주 동작은 송순갑과 김봉업이 증언한 내용 중, 동작으로 실행 가능한 것으로 선별했다. 복원된 동작은 송순갑과 김봉업의 동작이 혼합되어 있다. 같은 땅재주이므로 복원에 의미가 있다고 본다.

땅재주꾼과 비보이들과 땅재주를 복원하면서 놀라운 사실은 땅재주 동작 모두가 비보이들이 사용하고 있는 기본적인 동작 또는 고난도 동작에 속하는 것들이었다. 특히나 '노구걸이', '외팔걸음', '살판배사림'은 비보이들이 자주 사용하는 동작들이라 더욱더 놀라지 않을 수 없었다.

3. 한국문화와 힙합문화의 유사성

"브레이크 댄스라는 것이 우리 솟대쟁이패나 남사당패가 연희하던 땅재주와 같은 것이 아닐까 하는 생각을 하게 되었다. 브레이크 댄스에는 머리와 등을 땅에 대고 하는 기예가 많은 특징이 있으나 우리의 땅재주에도 자반뒤집기, 쑤세미트리, 숭어뜀, 지팡 설손, 용틀임, 살판 배사림, 돌아 때기, 노구걸이, 배돛대, 부줏대넘기 등 십 수가지 재주와 그의 변형들이 있었다. 비보이들을 땅재주의 또 다른 이름인 '살판 죽을 판'의 '살판쇠(땅재주꾼)'로 부를 수 있지 않을까 하는 생각도 들었다. 본래 우리 땅재주는 살판쇠가 어릿광대라고 볼 수 있는 매호씨와 재담을 주고받으며 진행되는 연극의 성격을 지녔다. 이런 전통이 있기에 이번에 출연한 갬블러 크루 같은 비보이 체기단이 세계의 비보잉 대회들을 석권하는 것이 아닌가 하는 생각을 해보았다."(공연과 리뷰 2009).

위 글은 국학자이자 무용평론가인 이만주가 2009년 공연과 리뷰에 비보이 크루와 비보잉에 대해 평한 글이다. 한국이 국제 메이저급 대회에서 잇따라 우승을 독차지하면서 세계를 놀라게 했던 것은 한국문화의 땅재주가 있어 가능하지 않았을까를 제기하고 있다. 특히 아크로배틱한 고난도의 테크닉으로 이루어진 비보잉이 유난히도 세계적으로 인정받고, 한국인이 유별나게 비보잉을 잘할 수 있었던 점을 한국의 전통문화에서 그 맥을 찾고 있다.

우리 민족성이 담긴 놀이문화에는 함께 모여 관객과 공연자가 같이 즐기는 특성이 있다. 즉 마당놀이, 판소리, 탈춤, 굿 등과 같은 전통 놀이문화의 공통점은 한 개인의 놀이보다는 집단을 구성한 배우들과 관객이 함께 즐긴다는 것이다. 이처럼 한바탕 축제처럼 열린 공간에서 벌이는 비보잉 대회의 특징은 사람이 많이 모여드는 장터나 광장에서 판을 벌였던 우리 놀이문화의 그것과 유사한 점이 많다.

2007년 SBS 창사특집으로 비보이에 관한 다큐멘터리 프로그램이 방영되었다. 여기에서 사물놀이로 유명한 '김덕수 교수'가 나와 사물놀이 전공자에게 비보잉 동작을 배우게 했다. 사물놀이의 재주넘기와 비보잉 동작이 비슷하다는 점이다. 또한 그는 힙합 DJ의 스크래치나 국악의 추임새가 비슷하다는 지론이다. 다음은 비보잉과 한국문화의 유사점에 관한 인터뷰 내용이다.

> "굿을 하던, 무당이 굿을 하면 무당 혼자 하는 게 아니에요,
> 동네 마을 사람들이 다 같이 대동놀이라고 하잖아요. 대동놀
> 이 자체가 힙합이나 브레이크에서 추구하는 철학과 일치해요.
> 우리의 가장, 염색체에 우리만의 가지고 있는 그것을 지키면
> 서 계속 변화시켜 그 시대 맞춰서, 비보이는 이제 미래에 인간
> 문화재가 될 거야."(김덕수 SBS인터뷰)

한국의 전통 놀이문화와 비보잉 문화가 많은 부분에서 유사하다는 것을 알 수 있다. 한국인이 비보잉을 잘할 수 있는 이유를 한국의 맥에서 찾는다면 가장 먼저 예인집단이 장터나 광장에 판을 벌였던 거리공연 문화라고 할 수 있다. 하지만 주목할 점은 한국이 비보잉을 잘할 수 있었던 이유가 꼭 예인집단의 문화 때문만은 아닐 것이다. 그러나 한국인이 비보잉을 잘할 수 있었던 원동력과 비보잉 문화와 유사하고 뛰어난 문화가 한국에도 있다

244

는 점도 알고 있었으면 한다. 이처럼 서민의 뜻을 같이하고 해학과 익살을 담은 유쾌한 우리의 우수한 예술이 있기에, 비보잉이 한국인의 정서와 신체조건에 맞는 한국문화로 발전할 수 있었다는 가능성을 제시할 수 있다.

2005년에 개봉한 이준익 감독의 작품 〈왕의 남자〉에서 독특한 장면을 목격할 수 있었다. 남사당패였던 광대 장생(감우성)과 공길(이준기)이가 한양의 장터를 떠돌다 장터에 판을 깔고, 장터 사람들에게 한양의 광대들이 현대의 텀블링과 유사한 기예를 보이고 있는 장면을 목격한다. 장생과 공길은 의도적으로 한양 광대에게 누가 더 기예를 잘하는지 대결을 신청하게 된다. 그런데 특이하게도 대결 장면은 싸움이 아니라 즉흥 음악에 맞춰 춤도 아닌 듯하고, 그렇다고 체조도 아닌 듯한 독특한 기예로 상대방의 실력을 평가하는 대결을 한다. 여기서 처음 만나 기예로 승패를 결정해 패한 광대는 패배를 인정하고 이긴 광대에게 고개 숙이고 형님 대접을 하게 된다. 판으로 거둬들인 돈도 승자인 광대에게 모두 준다. 여기서 대결한 기예가 우리가 이제까지 살펴본 '땅재주(살판)'라는 것이다. 얼핏 보기에 비보잉의 배틀이나 동작과 유사한 점을 지니기도 하였다.

유사하다는 것이 나 혼자만의 생각이 아니라, 일반관객들도 땅재주를 보고 유사하다고 생각하여 인터넷에 올린 글이다.

"오늘날의 텀블링을 연상시키는 살판의 묘기는 요즘 젊은이들 사이에 열광하는 비보이의 원조라고 할 수 있다. 비보이가 재주를 부리는 것은 우리 민족의 놀이인 풍물패들의 살판에서 비롯되었으며, 풍물패들이 한 사람씩 나와 자신이 가지고 있는 재주를 선보이는 방식 역시 지금 비보이들이 솜씨를 겨루는 방식으로 우리나라 청소년들이 세계 비보이 대회에서 우승을 하는 이유가 바로 그들의 피 속에 풍물패의 살판 재주꾼의 유전자가 흐르고 있기 때문이라 생각한다."(muam***의 글, 2008 네이버).

"'잘하면 살판, 못하면 죽을 판'이라는 말에서 유래된 놀이로 멍석 위에서 펼치는 어릿광대와 재주꾼의 해학 넘치는 재담과 땅재주, 오늘날 비보이(B-boy)의 원조다."(임덕철, 2008 네이버 뉴스 검색).

"어릿광대와 재주꾼의 해학 넘치는 재담과 땅재주는 요즘 인기 높은 비보이의 원조 같다."(백남천 글, 2009 인터넷 검색).

"살판은 땅재주 묘기로 이른바 지금의 비보이들이 하는 동작 같은 걸 연상하시면 되겠습니다."(에스켐프 글, 2009 네이버검색).
"뒹구르 방방 살판이란 '땅재주 놀이'로 비보이의 원조다. 멍석 위에서 구르고 넘고 물구나무서기 등 고난도의 살판을 벌인다."(안성신문, 2007).

이처럼 땅재주(살판)와 비보잉이 유사하다는 사람들의 의견을 여러 검색을 통해 많이 찾을 수 있었다. 이러한 점을 미루어 한국의 예인집단의 땅재주와 비보잉이 유사하다는 점과 한국이 비보잉 강국으로 등극할 수 있었던 점에 우리 민족성이 담긴 땅재주에서 원동력을 찾아볼 수 있다.

4. 예인집단과 비보이 크루 공연형태의 유사성

① 멍석과 매트(mat)

예인집단인 남사당패와 비보이크루인 두 집단의 공연은 주로 거리에서 이루어진다는 것을 알 수 있다. 예인집단이 장터에서 벌이는 고정적인 자리를 '판놀이'라고 하며 비보잉에서도 '판'을 깔았다는 말로 장소에 대한 개념을 표현하고 있다. 이러한 판은 사람이 많이 모인 장소에서 이루어지며 집단의 특성을 살린 공연을 보여준다. 정해진 것은 아니지만, 공연을 감상한 대가로 사람들은 자발적으로 원하는 만큼 공연비용을 공연자에게 준다. 이런 공연비용으로 두 집단은 경제적인 사정을 해결하기도 한다.

거리공연을 통해 관객에게 돈을 걷는 행위를 땅재주에서는 '걷음'이라 하고, 비보잉에서는 '버스킹(Busking)'이라고 한다.

그들은 거리공연을 거리의 흙이나 시멘트로 이루어진 맨바닥에 아무런 장치 없이 하게 되면 분명 사고가 발생한다. 그래서 상해를 예방하고 좀 더 좋은 공연을 할 수 있도록 바닥에 매트를 설치하는 것이다. 남사당패들이 바닥에 사용하는 것이 '멍석'이고 짚을 엮어서 만든 깔개를 말한다. 멍석은 주로 땅재주를 공연할 때 지면에 부딪치는 충격을 흡수하고 안전을 위해 사용하며, 영어로는 매트(mat)로 표기된다.

비보이 크루가 바닥에 깔고 사용하는 것을 매트라고 한다. 매트의 종류는 많지만 주로 비보잉을 출 때 거리에 까는 매트는 한국에서 사용하는 장판지와 흡사하다. 한국의 비보이크루는 대부분 장판지를 깔고 춤을 춘다. 그 이유는 지면에 등을 대거나 머리를 대고 회전하는 동작이 많으므로 홈이 많고 까칠한 매트는 다칠 위험성이 있기 때문이다.

남사당패의 멍석은 땅재주가 연희로 정착, 발전되는 과정에서 나타날 수 있는 중요한 연희도구이다. 이것은 땅재주와 같은 기예를 펼치면서 발생할 수 있는 사고를 줄이는 기능과 충격을 흡수하는 기능과 더불어 무대의 기능을 대신하는 개념의 공간으로 사용된다. 이러한 점은 남사당에만 한정된 것이 아니라 비보이 크루에게도 동일하게 작용한다.

따라서 두 집단 모두 거리에 멍석(mat)을 깔게 되면 상해를 예방하고 좀 더 좋은 공연을 위한 무대가 되며 매트 주위는 관객석이 된다.

개인적인 생각으로 한국에 '멍석 깔아 줘도 못하냐?' 라는 말이 있다. 이 말이 혹시 옛 예인집단이 거리에 멍석을 무대 삼아 공연을 했던 모습에서 나온 말이 아닌가 싶다.

② 땅재주꾼(살판쇠), 어릿광대(매호씨), 악사(잽이)와 B-boy, MC, DJ의 유사성

땅재주에는 땅재주꾼(살판쇠)과 어릿광대(매호씨)가 재담을 주고받으며 악사(잽이)의 장단에 맞춰 공연한다. 여기서 음악에 맞춰 곡예적인 동작을 하는 땅재주꾼(살판쇠)은 비보이(B-boy)와 유사하며 어릿광대는 힙합문화의 요소인 MC와 유사하다고 볼 수 있다. 물론 우리의 땅재주 공연형태는 기술적인 부분만 보여주는 것을 넘어 재담형식의 극적요소를 갖추고 있어 다른 공연보다 내용과 기술적인 측면이 잘 조화된 점이 특징이라 할 수 있다.

MC는 Microphone Controller의 약자로 주로 랩을 하는 사람을 얘기하며 랩뿐만 아니라 관객에게 흥을 돋우고 내용 전달을 위한 자신만의 언어로 리듬에 맞춰 진행하기도 한다. 랩과 함께 비보잉 배틀대회에서도 진행을 맡는 MC도 같은 의미로 작용한다. 땅재주 공연 시, 땅재주꾼과 재담을 주고받는 '어릿광대'는 즉흥적인 입담을 통해 흥을 준다는 점에서 MC와 유사한 성격을

지닌 점을 찾을 수 있다.

땅재주의 악사(잽이)는 주로 공연이 이루어질 때 장단을 넣어주며 흥을 돋우는 역할을 한다. DJ는 Disk Jockey의 약자로 턴테이블을 이용해 음악을 믹싱하여 즉흥적인 비트음악으로 비보잉에 맞는 분위기와 흥을 돋우는 사람을 말한다. 따라서 악사와 DJ는 공연 시 관객과 공연자의 분위기와 흥에 맞춰 즉흥적인 연주나 음악을 제공한다는 점에서 유사한 점을 찾을 수 있다.

이처럼 힙합문화의 요소인 B-boy, MC, DJ와 한국의 전통문화인 살판쇠(땅재주꾼), 어릿광대(매호씨), 악사(잽이)가 공연형태에 있어 유사한 역할을 수행하고 그에 따른 성격들이 유사하다는 점을 찾을 수 있다.

③ 비트(beat)음악

두 집단이 거리 공연할 때 음악이 없다면 공연자와 관객 모두 흥을 잃고 지루해할 것이다. 이처럼 거리공연에서 공연을 원활하게 펼치기 위해서는 음악이 필요하다. 음악은 사람을 흥(興)하게 하고 몸을 덩실덩실 움직이게 한다. 음악에 대한 반응은 생래적이며 거리의 한산한 공간을 음의 움직임들로 채워준다.

음악은 춤과 떼려야 뗄 수 없는 불가분의 관계이다. 현대무용의 선구자 이사도라 덩컨은 춤과 음악을 자매라고 얘기하며 하나의 예술이라고 했다. 고대 그리스 비극의 전성기에도 춤과 음악이 하나로 조화되어 공연되었다. 이처럼 음악은 춤과 다른 이분법적인 장르가 아니라 정신이 육체를 움직이고 육체가 정신에 영향을 미치듯 서로 하나 된 공간 속에서 시간의 흐름을 타는 조화된 시공간의 산물이다.

이렇듯 음악은 거리공연에서 신체의 움직임과 함께 공간을 채워주는 흥의 촉발제이다. 거리공연에서 주로 흥을 이끌어내는 즉흥적인 분위기에 중점을 두게 된다. 흥이 있어야 관객이 신이 나서 자발적으로 돈도 주고 경제적 사정도 나아지는 것이 아닐까.

이렇게 관객의 흥을 이끌어 내기 위해서는 그들의 심장을 두드려야 하며 쌓인 한(恨)을 조금이나마 풀어줘야 한다. 한국에서는 한(恨)이라는 단어로 표현되는 모든 것을 위한 그리고 외국에서는 불만과 분노를 토로할 반항이나 저항의 대리물이 필요하게 된다.

쌓인 한을 풀며 흥을 돋우기 위해서는 어디에서든 두드리는 행위 속에서 해소의 희열을 느낄 수 있다. 악기를 두드리는 움직임에서 해소를 맛보며, 두드리는 강렬한 음악에 비트가 묻어나 카타르시스가 증폭될 것이다. 두드림은 심장의 두근거림을 느끼게 하며, 비트는 심장을 두드린다. 여기서 해소가 일어나고 해소에서 흥이 일어나 움직임이 시작되며, 움직임은 춤이 되고 춤은 음악과 하나 되어 삶과 조화된다.

우리문화에 풍물이 있다. 이것은 주로 서민과 농민들이 즐겼는데 이 속에는 우리나라 고유의 악기인 나발, 태평소, 소고, 꽹과리, 북, 장구, 징 따위를 불거나 두들기고 곡예를 하면서 즐겼던 놀이문화다.

물론 이 문화는 주로 예인집단의 놀이문화에서 이루어졌다. 땅재주를 공연할 때 주로 쓰는 악기가 바로 타악기인데 장구, 꽹과리, 북, 징이 주를 이루어 땅재주 공연의 흥을 이끌게 된다. 두드린다는 행위가 지닌 해소의 특징 때문인지 현대에 들어와서는 풍물놀이의 관악기가 제외된 장구, 꽹과리, 징, 북의 타악기로 이루어진 '사물놀이'가 탄생했다. 그래서 그런지 현대에는 타악기로 이루어진 사물놀이와 비보이가 한데 어울려진 공연이 자주 이루어지기도 한다.

> "비보이는 비트를 타고 춤을 추는 것이다. 그리고 비트의 근저에는 박자가 존재한다. 그런데 한국의 전통 춤인 탈춤, 마당놀이, 굿 등은 박자와 추임새에 따라 춤을 추는데 이는 비트를 타고 춤을 추는 비보잉과 근본적으로 비슷하다."(김기국, 2012).

땅재주 공연의 음악은 주로 라이브로 연주되지만 비보이 크루의 거리공연은 주로 오디오에서 흘러나오는 음악으로 공연된다. 물론 거리에서 울리는 음악이기 때문에 음악이 약하면 관객들은 집중하지 못하고 주의가 분산된다. 이러한 점을 피하려고 음악은 강렬해야 하므로 주로 두드리는 소리가 강한 비트 음악이 주로 사용된다. 비트음악이 춤에 영향을 미쳤다는 점을 확인시켜 주는 것이 있다. 바로 비트보이(beat-boy)의 약자가 비보이(b-boy)라는 뜻에서 그 영향을 확인할 수 있다.

삼한시대에 축원 형태로 나타난 제천의식(祭天儀式)에서 '춤 장단'의 구실로 오늘날 풍물의 전신이 시작되었을 것으로 보는 견해도 있다. 처음에는 간단한 북[鼓] 같은 타악기에서 시작되어 점차 오늘날의 '사물'들이 첨가되었고, 그 장단도 변형 발전되어 왔다고 보고 있다. 그리고 비보잉의 원조라고 보는 아프리카 문화에서 흑인들은 춤을 통해 과거와의 연결고리를 만들어왔다. 그들은 춤추고 북을 두들김으로써 서로 간에 강한 유대를 유지했다. 또한 한국음악과 아프리카 흑인음악도 5음계로 이루어져 있으며 주로 북 등의 타악기가 위주가 되어 발전해 왔다는 것을 역사를 통해 알 수 있다.

역사를 찾아간다면 한국의 민중생활과 흑인의 노예생활에서도 양반과 주인에 대한 불만을, 춤추고 북을 두드림으로써 해소하며 그들의 유대를 유지했다. 또한 90년대 이후 비보잉 춤에 영향을 미친 브라질의 무술인 카포에라도 흑인 노예문화로부터 시작된 것이다. 카포에라는 사탕수수 밭에서 팔이 묶인 채 공격과 방어를 표현하기 위해 만들어진 움직임이며 주로 곡예적인 동작으로 이루어져 있고 음악도 타악기가 주를 이룬다. 이처럼 비보잉도 많은 부분 흑인문화에서 파생된 문화이기 때문에 흑인 음악과 춤에 받은 영향을 간과할 수 없으며 그 맥락이 무관하지 않다.

따라서 한국의 땅재주와 비보잉 음악은 주로 두드리는 타악기의 비트음악으로 이루어져 있으며, 비트음악에 움직임을 표현하고 두드림 속에 흥과 카타르시스를 느낀다는 유사한 점을 찾을 수 있다. 이러한 유사성은 현대의 공연예술에서 사물놀이와 비보이가 한데 어울려 신명나게 공연할 수 있다는 것에서 확인할 수 있다.

④ 땅재주와 비보잉 동작의 유사성

"땅재주는 고대 산악백희의 한 종목으로 연행되었다. 그리고 이러한 전통은 오늘날 무용, 체조 등 예술 전반에 걸쳐 다양하게 나타난다."(서지은, 2006).

땅재주는 남사당놀이의 하나로 기예적인 측면이 강하게 나타나지만 그렇다고 그것을 놀이 자체로만 판단하지 않는다. 민중의 재치와 해학이 묻어나온 민속예술로 보기도 하고 한국을 대표하는 전통문화로 보기도 한다. 그럼 땅재주가 춤인지, 체조인지 확실한 분류는 힘들지만 기능적인 측면과 극적인 요소를 보더라도 춤과 예술의 부류로 판단하여도 무관하다고 본다.

풍물놀이에서 상모돌리기를 하며 지면에서 앉은 자세로 두 손을 번갈아 짚으며 그사이로 발을 돌리는 '열두발 채상'은 비보잉의 스타일 무브에 해당하는 풋워크인 3, 5, 6 스텝과 상당히 유사한 동작 구조를 갖고 있다. 현재에는 상모 돌리는 사람 중에 비보잉 동작을 배워 혼합하여 공연하는 경우도 있다고 한다.

땅재주는 기술적인 면이 부각되는 것으로 공중곡예와 지면에서의 회전과 순간적인 버팀과 멈춤으로 이루어진 동작이다. 모든 춤을 통틀어 텀블링과 아크로바틱이 주를 이룬 것을 찾자면 비보잉을 들 수 있다. 비보잉의 특징은 주로 지면에서 구르거나 회전하거나 순간적으로 멈추는 동작과 공중에서는 텀블링 위주의 곡예적인 회전이 주를 이룬다. 두 움직임의 가장 유사한 점은 주로 지면에서 구르거나 회전하거나 버티는 동작에 있다. 이러한 점에서 땅재주와 비보잉의 움직임은 상당히 유사한 형태를 지녔다는 것을 알 수 있다.

주로 지면에서 하는 동작인 자반뒤지기, 팔걸음, 외팔걸음, 앉은뱅이 팔걸음, 앉은뱅이 모발되기, 살판배사림, 팔꿇기, 노구걸이, 배돗대, 오리걸음 등은 비보잉 동작에서 가장 많이 사용되는 동작이며 비보잉에서도 변형 및 응용하여 사용하고 있다. 특히 앉은뱅이 모발되기와 앉은뱅이 팔걸음은 비보잉 동작과 일치하며 프리즈 동작으로 변형되어 활용하고 있다. 또한 노구걸이, 살판배사림, 외팔걸음은 현재에도 비보이들이 자주 즐겨 쓰는 동작과 일치한다.

그 외 땅재주 기예 중 공중에서 이루어지는 텀블링은 비보잉의 텀블링과 동작을 비교 설명하자면 더는 표현할 수 없을 정도로 똑같다고 할 수 있다. 따라서 땅재주와 비보잉의 공중에서 이루어지는 기예동작은 완벽하게 일치한다고 해도 무리가 아니다.

⑤ 배틀문화

배틀문화는 대결문화이지만, 서로 간의 대결로 패한 자가 승리한 자에게 조건을 양보하는 문화이기도 하며 자존심의 대결이기도 하다. 또한 서로의 가치관을 이해하고 서로를 인정하는 문화이기도 하다. 여기서 인정하는 것을 힙합에서는 상대방의 실력을 인정하고 존경하는 'RESPECT(리스펙)'이라고 표현한다.

> "대동놀이 자체가 힙합이나 브레이크에서 추구하는 철학과 일치해요. 함께하는 거죠 그리고 늘 부딪침이 있어야 돼요. 서로 다른 것들의 부딪침 그런데 이게 싸움으로 어떠한 나쁜 쪽으로 끝나는 게 아니고 생산적으로 더 좋은 그게 조화에 의한 상생이에요."(김덕수 SBS인터뷰)

위 내용은 한국문화에서 배틀(대결)은 재능 싸움을 통해 서로의 폭력으로 끝나는 것이 아니라 서로의 부족한 점을 깨닫고 긍정적으로 발전할 수 있다는 계기로 이해할 수 있다. 서로 다른 것의 부딪침에서 더 좋은 것을 끌어 올리는 것, 이것이 한국의 대결문화이며 서로의 다름을 인정하고 존경하는 표현인 'RESPECT'와 다르지 않다고 본다.

배틀문화는 미국의 힙합문화에서 파생된 문화로써 갱들의 폭력적인 싸움으로 인해 희생이 발생하면서 폭력을 대신하여 춤으로 대결하게 된 것에서 시작되었다. 배틀문화는 미국 힙합댄스가 공연무대에 올려지게 된 계기가 됐으며 현재에도 여러 극장무대에서 배틀공연이 이루어지고 있다. 하지만 배틀공연이 무대에 올려지기 전에는 거리에서 자신들의 공간을 지키기 위하거나 춤의 우위성을 입증하기 위해 배틀이 시작되었다. 이처럼 배틀은 다소 폭력적이긴 하지만, 서로가 지닌 재능으로 춤을 겨루며 우위성을 각인시키고 크루의 활동영역을 확보하기 위한 것에서 생성됐다고 할 수 있다.

한국 예인집단의 배틀문화를 예를 들면 영화 〈왕의 남자〉에서 찾아볼 수 있다. 영화장면에서 거리에 멍석을 깔고 패거리들이 땅재주를 공연하고 있는 장면을 보게 된다. 이 장면을 본 다른 패거리들이 자신들이 더 낫다는 것을 관객에게 입증하기 위해 공연하고 있는 패거리들에게 대결을 신청하고 땅재주로 대결하게 된다. 두 대결 중 실력이 우세한 쪽이 승리하게 되고 패배한 쪽은 인정하고 승리한 쪽에 흡수되거나 공연으로 얻은 모든 비용을 양보하고 그 자리를 떠나게 된다.

　이러한 대결장면은 거리에서 이루어지는 비보이 배틀문화와 유사하다는 것을 알 수 있다. 비록 두 집단의 배틀문화는 서로 간의 대결을 얘기하지만, 서로의 이해와 유대로 이어지기는 생산적인 활동으로 볼 수 있다.

5. 지식체계의 정립과정

한국의 예인집단으로 그 맥을 이어오고 있는 패거리는 남사당패 거리가 유일하다고 할 수 있다. 또한 비보이 크루는 한국뿐만 아니라 세계적으로 많은 집단을 이루고 있지만, 집단과 춤에 대한 지식은 체계적으로 정립되고 있지 못한 상황이다.

　이러한 상황은 한국의 패거리에서도 그 양상이 두드러지게 나타난다. 물론 자료가 희박한 것은 사실이지만 패거리 자체가 지식인들이나 먹물 먹은 사람들이 활동했다기보다 주로 하층민들이 주가 되어 활동하였기 때문이다. 그리고 가장 큰 이유 중 하나가 바로 떠돌이라는 점이 가장 큰 이유일 것이다.

　이 점은 비보이 크루에서도 같은 경향이 나타난다. 예인집단과 비보이크루의 경우 사람이 많이 모이는 공간인 장터나 공원

등을 찾아 공연을 떠나므로 일정한 공간에 오랫동안 머무르기 어렵다. 따라서 한국의 패거리와 비보이 크루 문화가 지식을 축적하지 못한 가장 큰 이유가 바로 한곳에 정착하지 못해, 경험과 지식을 축적할 기회가 부족했기 때문이다.

세계의 역사에서도 지식이 축적되기 시작한 것은 바로 한곳에 정착하기 시작한 시기부터다. 세계의 반 이상을 차지하며 가장 위대하다고 칭송받는 칭기즈칸을 낳은 몽골은 칭기즈칸 이후 지속해서 발전하지 못한 이유가 바로 한곳에 정착하지 못한, 유목민 생활을 했기 때문이다.

춤의 경우 지식의 축적이 이루어진 역사는 고대 그리스 시대로 거슬러 올라간다. 고대 그리스 시대에는 주로 춤과 노래로 이루어진 비극이 극장에 정착하여 공연하였다. 그런데 춤은 배우의 수에 밀려 점차 비극에서 멀어져 갔다. 그 후 춤은 정착된 무대를 잃고, 로마시대를 거쳐 중세시대에는 주로 떠돌면서 거리에서 춤을 추었기 때문에 춤에 대한 체계적인 지식축적은 좀처럼 이루어지지 않았다. 중세가 끝나고 르네상스 이후, 프랑스의 루이14세가 왕권을 잡으며 정착된 무대에서 발레공연이 이루어지면서 현재까지 춤의 지식체계가 정립되었다고 볼 수 있다.

여기서 알 수 있는 점은 춤에 관한 지식을 체계화하기 시작한 계기가 바로 정착된 공간이 마련된 극장이라는 점이다. 춤이 무대에 정착되어 공연하면서 점차 지식이 축적되기 시작한 것이다. 그러나 중세시대 춤이 정착된 무대를 잃고 거리를 무대 삼아 떠돌이 생활을 하면서 그 행방은 미묘해졌다.

이처럼 정착된 무대를 갖지 못하고 거리를 무대 삼아 공연을 하는 한국의 예인집단과 비보이 크루는 당연히 지식 체계가 불안정하고 혼란스러웠을 것이다. 만약 미약하게나마 축적된다고 하더라도 입소문에 의해 이어져 내려오기 때문에 그 진정성이 의심받을 위험이 있다. 또한 이론을 정립하고 이어나갈 사회적 조건이 마련되지 못해 경험으로 쌓인 지식은 좀처럼 다음 세대에 객관적으로 전달하기 힘들었다고 본다.

따라서 거리공연으로 거듭나고 발전해온 예인집단의 공연문화와 비보이 크루의 힙합문화는 한곳에 정착하지 못하고 떠돌아야 했기 때문에 그들의 경험과 지식이 축적되어 후대에게 체계적으로 전달하지 못한 점에서 유사한 점을 발견할 수 있다.

그러나 현대에는 예인집단의 공연문화는 거리에서 극장으로 옮겨왔으며, 거리에서 공연하더라도 정식으로 갖춰진 무대를 고려하여 이루어지고 있다. 비보잉도 거리에서 극장으로 옮겨져 공연하며 한국뿐 아니라 세계적으로도 극장공연 문화로 진화된 모습을 보인다. 현재에는 비보잉과 사물놀이 또는 땅재주와의 합동공연이 다양하게 이루어지고 있다. 특히 현대적으로 탈바꿈한 땅재주 공연에 비보이들이 투입되어 함께 어울려 공연하거나 배틀을 하는 형식으로 흥미를 더해 전통과 현대가 융합한 공연이 이루어지고 있다.

　이러한 점에 비추어 고정된 공연장인 극장 무대에서 전통문화와 비보잉 공연이 정착되어 이루어진다는 점이 공연자로서 뿌듯하기도 하고 기대되기도 한다. 이러한 모습이 관객과 예술가 그리고 학자들에게 주목받으며 경험과 지식이 축적되어 체계와 정립이 이루어져 우리의 것으로 재구성하여 세계 중심에 그 가치를 쏘아 올렸으면 한다.

참고문헌

· 김구 저자, 도진순 주해(2013). 백범일지, 경기파주: 돌베개.

· 김기국(2012). 대한민국 비보이 크루의 대중성과 차별성, 비교한국학,
국제비교한국학회지 20(1), 9-32.

· 김기국 · 이우재(2015). 'R16 코리아' 대회의 문화콘텐츠적 가치,
비교문화연구, 경희대학교 비교문화연구소, Vol. 39, p97-125.

· 김상우(2012). 스트리트 댄스, 서울:좋은땅.

· 김수환(2009). 문화의 상호작용에 대한 문화기호학적 접근: 한국 비보이와
러시아 발레 뤼스를 중심으로, 서울대학교 러시아 연구소, 러시아 연구, Vol.
19, No.1, p31-57.

· 권윤방, 최청자, 김경신, 손경순, 도정님(2003). 무용학 개론, 서울:
대한미디어.

· 김재철(2003). 조선연극사. 서울: 동문선.

· 김채현(2008). 춤, 새로 말한다 새로 말하다. 서울: 사회평론.

· 단재 신채호 저자, 김종성 옮김(2015). 조선상고사, 경기일산: 위즈덤하우스.

· 민현주(2011). 청소년 하위문화로서 비보잉의 세계지역화와 무용문화의
방향 및 과제Ⅱ, 대한무용학회, 무용학회논문집, Vol. 67, p127-142.

· 변주승(2001). 조서후기 유민의 생활상. 전주사학, Vol. 8, 전주대학교
역사문화연구소, pp.115-132.

· 백현순 (2006). "최승희가 남긴 '신무용'의 유산, 어떻게 할 것인가?", 공연과
리뷰 75호, 서울: 현대미학사.

· 서연호(1997). 한국 전승연희의 현장연구. 서울: 집문당.

· 서연호(2001). 꼭두각시놀음의 역사와 원리. 서울: 연극과 인간.

· 서연호 · 김현철(2006). 한국 연희의 원리와 방법. 서울: 연극과 인간.

· 신근영(2007). 솟대타기의 역사적 전개와 연희양상. 고려대학교 대학원
  석사학위논문.

· 신명숙(2004). "「춤」 용어들로 보는 고대 한국 무용사 흐름", 체육사학회지,
  한국체육사학회지 -(14), 13-22.

· 서지은(2006). 땅재주의 역사와 연행양상. 고려대학교 대학원 석사학위논문.

· 심우성(1994). 남사당패연구. 서울: 동문선.

· 심우성(2000). 남사당놀이. 서울: 화산문화.

· 양근수(2007). 무형문화유산 교육프로그램 연구 -남사당놀이 사례를
  중심으로-. 중앙대학교 대학원 박사학위논문.

· 예용해(1997). 인간문화재. 서울: 대원사.

· 이만주(2009). 지난 해 12월의 인상적인 몇 춤들, 공연과 리뷰. 봄 호, 서울:
  현대미학사.

· 이우재(2010). 힙합, 새로운 예술의 탄생, 서울: 돋을새김.

· 이우재(2013). 비보잉과 남사당놀이 땅재주의 공연형태와 동작 비교 연구,
  미간행, 박사학위논문, 세종대학교 대학원.

· 이우재(2014). "힙합춤의 의미와 가치", 한국무용교육학회,
  한국무용교육학회지 Vol. 25, No.4, p113-126.

· 윤지현(2006). 한국 비보잉의 세계지역화, -'비보이를 사랑한 발레리나'를
  중심으로. 대한무용학회논문집, 제48호, 9월, pp.169-189.

· 이홍기(2013). 신채호&함석헌 역사의길, 민족의 길. 서울: 김영사.

· 전경욱(2004). 한국의 전통연희. 서울: 학고재.

· 조벽(2010). 조벽 교수의 인재혁명. 서울: 해냄.

· 최종환 (2012). 한국 힙합댄스 발전과정과 가치인식, 미간행, 박사학위논문, 세종대학교 대학원.

· 탁석산(2008). 한국인은 무엇으로 사는가. 경기파주: 창비.

· 함석헌(2010). 뜻으로 본 한국역사. 경기파주: 한길사.

· 혜문(2012). 빼앗긴 문화재를 말하다. 서울: 작은숲

· 한국관광공사, 'R-16 Korea Sparkling' 결과보고서(2008-2009) & R-16 Korea Wolrd B-Boy Masters Championship 결과보고서(2009-2014).

· 코리안락 (http://koreanroc.com/)

· BboyWorld (http://www.bboyworld.com)

· BOTY (http://www.battleoftheyear.de)

· Freestyle Session (http://www.freestylesession.com)

· Red Bull BC One (http://www.redbullbcone.com/)

· R-16 코리아 (http://r16korea.com)

· UK Bboy Championship (http://bboychampionships.com)

· 심우성(2000). 남사당놀이. 부록 영상 서울: 화산문화.

· 이준익(2005). 왕의 남자(영화). 2009. 12. 29, 한국.

· SBS창사특집(2007). SBS창사특집 신화창조 코리안 비보이(B-boy) 2007년 11월 14일.